Nia Parry

Gwenwch!

Cyfres Nabod

1. Russell Jones, *Gwyrdd fy Myd*

2. Nia Parry, *Gwenwch!*

Nia Parry

gyda Marred Glynn Jones

Gwenwch!

Gwasg Gwynedd

Argraffiad Cyntaf — Mawrth 2011

ISBN 978 0 86074 271 5

I BAWB SYDD WEDI GWNEUD I MI WENU TRWY GYDOL Y DAITH HYD YN HYN
AC I HEDD EFAN – EIN TRYSOR GWERTHFAWR
N.P. ××

Dymuna'r cyhoeddwyr ddiolch i'r canlynol am eu cymorth caredig:
Dyfan Williams, Einir Jones S4C, Warren Orchard, Llion Gerallt.

Ffotograffau trwy garedigrwydd: Gerallt Llewelyn – clawr cefn (top de a chwith gwaelod ond un), 10 (top), 18 (gwaelod), 26, 38 (gwaelod), 55, 56 (de); Richard Jones – 30 (chwith), 38 (top), 52; Warren Orchard / S4C – 5, 27, 33, 36 (de), 48 (top a gwaelod), 50 (gwaelod de), 51 (de), 59 (top); Alistair Heap – 49 (gwaelod); Iolo Penri – 36 (chwith), 51 (top chwith), 60; Huw John – 46; Welsh Daily Post – 49 (top de), 50 (canol); Nefydd Thomas – 42 (top a chanol); Rhodri Davies – 42 (gwaelod); Keith Morris / www.artswebwales.com – 7, 50 (top de), 53 (gwaelod); Huw Talfryn Walters – clawr blaen, clawr cefn (gwaelod de), 34, 36 (top), 37, 39 (top de); Jeff Morgan – 24 (gwaelod); S4C – clawr cefn (gwaelod chwith), 48 (canol), 49 (top chwith), 50 (gwaelod chwith).

Dylunio: Elgan Griffiths

Mae'r cyhoeddwyr yn cydnabod cefnogaeth ariannol Cyngor Llyfrau Cymru.

Cyhoeddwyd gan
Wasg Gwynedd, Pwllheli

Cynnwys

Deuddeg peth 'doeddech chi ddim yn eu gwybod am Nia

1 Mae gen i ffobia ynglŷn ag unrhyw beth efo ffangs, ac yn arbennig ffilmiau am fampirod ac ystlumod.

2 Am flynyddoedd maith ro'n i'n arfer cadw dyddiadur, a dwi'n dal i nodi prif ddigwyddiadau fy mywyd mewn llyfryn bach.

3 Mae gen i ddiddordeb mewn breuddwydio a dadansoddi breuddwydion, a dwi'n cofio holl fanylion fy mreuddwydion pan dwi'n deffro yn y bore.

4 Dwi'n siarad yn fy nghwsg – dim syrpréis i bawb sy'n fy nabod i!

5 Dwi'n bwyta sos coch efo popeth! Mmm . . .

6 Dwi wrth fy modd yn clywed pobol yn sibrwd; fedrwn i byth ganolbwyntio yn llyfrgell y coleg erstalwm gan y byddwn i'n gwrando ar y sibrydion difyr o nghwmpas i!

7 Ro'n i'n arfer mynd am wersi dawnsio salsa ac i weithdai dawnsio ar benwythnosau.

8 Fy hoff air Cymraeg ydi 'sisial', fy hoff air Ffrangeg ydi *saucisson* (sosej), yr un Sbaeneg ydi *sopa* (cawl), a'r ymadrodd Twrceg, *seni seviyorum* (dwi'n dy garu di). Dwi newydd sylweddoli eu bod nhw i gyd yn cynnwys y llythyren 's'! Sbŵci!

9 Dwi'n prynu gormod o bethau pinc siâp calon, a dwi wrth fy modd yn prynu cardiau a phapurach del!

10 Dolig ydi fy hoff amser o'r flwyddyn.

11 Dwi'n gwrthod gwylio ffilmiau mae Nicholas Cage yn actio ynddyn nhw – dwi ddim yn ei licio fel actor.

12 Ro'n i'n arfer sgwennu tipyn o farddoniaeth ac mi enillais gadair Eisteddfod Llangwm yn 1996.

Jyst adra o'r ysbyty, a Mam fel arfer yn glam efo'i fflic-yps cŵl!

Atgofion plentyn

Er mai dim ond pump oed oeddwn i pan symudon ni o bentre Dwyran ar Ynys Môn, mae gen i lu o atgofion hapus o'n cyfnod ni yno fel teulu. Mynd am dro yn y goets ar hyd Lôn Tŷ Cerrig efo Taid Bob, fy niwrnod cynta yn yr ysgol, partïon pen-blwydd a chacennau Mam, cwrcwd yn y glaw i edrych drwy'r ffens ar y ceffylau yn y cae, chwarae ar y traeth, ac ati. Roedden ni'n byw ac yn bod ar Ynys Llanddwyn, ac mae 'na luniau ohona i'n hapus fy myd yn ista ar y traeth yn byta tywod fel fflamia!

Roedd Mam yn trefnu pethau difyr yn gyson i niddanu i a mrawd bach, Dylan. Dwi'n cofio iddi wneud llong môr-ladron allan o gardbord i ni un tro!

Roedden ni'n byw mewn byngalo mawr, Ger y Llan, y drws nesa i gartre Taid a Nain – Taid Talysarn a Nain Madge. Roedd Taid yn cadw ceffylau ac yn magu cobiau. Mae ceffylau, felly, wedi chwarae rhan bwysig yn fy mywyd i erioed. Roedd gan Taid un cob du o'r enw Sam ac roedd o'n geffyl urddasol, anferth. Mi gynigiodd Taid roi Twm, mab Sam, i mi pan o'n i yn yr ysgol uwchradd, ond ei wrthod o wnes i. Ro'n i ar ganol arholiadau TGAU ar y pryd ac yn teimlo nad oedd gen i mo'r amsar i edrych ar ei ôl. Dwi'n difaru dim yn fy mywyd heblaw hynny!

Ro'n i'n dair oed pan gafodd Dylan ei eni. Dwi'n cofio'r diwrnod yn glir. Ro'n i isio'i alw fo'n Mr Williams! Ond llwyddodd Mam a

Mr Williams – y tedi MAWR!

Fy niwrnod cynta yn ysgol Dwyran, efo fy mag newydd

Tracwisg binc steilish!

Dad i mherswadio nad oedd yn enw addas ar gyfer fy mrawd bach newydd, ac mi brynon nhw glamp o dedi bêr i mi ac mi ges i alw hwnnw'n Mr Williams.

Yr hyn dwi'n ei gofio am Ysgol Gynradd Dwyran ydi fod 'na geffyl siglo yn y gongol a mod i wedi cymryd rhan mewn sioe lwyfan yn gafael mewn tedi bêr ac yn gwisgo coban, a fy ffrind Jacqueline yn crio.

Yna, a finnau'n bump oed, mi symudon ni i Landrillo-yn-Rhos oherwydd gwaith Dad. Symud o fyngalo i dŷ deulawr, a dwi'n cofio teimlo'n ofnus am yn hir oherwydd hynny. Pan o'n i yn fy ngwely, do'n i ddim yn gallu clywed smic o Mam a Dad lawr grisia. Roedden nhw'n gwneud y tŷ i fyny ar y pryd ac felly be naethon nhw ond gwneud y gwaith yn y llofftydd gyda'r nos, er mwyn i mi allu clywed eu bod yn agos ata i a theimlo'n saffach.

Pan ddechreuais yn Ysgol Bod Alaw, Bae Colwyn, ro'n i'n teimlo nad oedd neb yn fy nallt i. Roedd 'na lawer o Saesneg yn cael ei siarad yno, a do'n i ddim yn dallt gair. Mi gymerodd amser i mi setlo. Ond mae gen i atgofion melys am eistedd yng ngwreiddiau'r goeden dderw anferth yno, ac am lawer peth difyr arall unwaith y gwnes i setlo yno.

Nansi Jones oedd yr athrawes ddysgodd i mi ryfeddu at fyd natur ac adar am y tro cynta, a hi roddodd yr hyder i mi sefyll ar lwyfan eisteddfod i adrodd hefyd. Roedd Mrs Griffiths, oedd ar ddyletswydd cinio, yn llawn doethinebau am bwysigrwydd bod yn ffrindiau a pheidio â ffraeo, ac roedd ei llaw hi wastad yn gynnes ac yn groesawgar. Ati hi y byddwn i'n mynd os byddwn i'n unig yn yr ysgol, ac angen cariad rhywun mewn oed.

Fy hoff beth yn yr ysgol oedd cael prawf sillafu (trist iawn, yndê?). Dyna oedd un o fy hoff gêmau efo Mam a Dad yn y car hefyd – eu cael nhw i brofi fy sillafu i – druan ohonyn nhw! Dwi'n un dda am gofio rhestrau, a dwi'n dal i fod yn reit obsesd efo creu rhestrau. Mi fyddwn i'n mwynhau'r broses o adolygu ar gyfer arholiadau, ac rydw i'n un sydd isio cael trefn ar bethau. Dwi'n hoffi'r teimlad braf ti'n ei gael o wybod rhywbeth yn drwyadl. Dwi'n berson trefnus. Os ydi fy nghartre a'n systema fi'n drefnus, yna dwi'n hapus, ac mae'n golygu llawer llai o stres.

Nia, yn ôl Leid (Rhiannon) ei mam

Cefais ddeng mlynedd o waith amser llawn yn magu Nia cyn ailddechrau ar fy ngyrfa, ac mae'r gwaith yn parhau i fod yn un amser llawn! Gwaith pleserus iawn, cofiwch, ond yn ôl un o ddywediadau'n tŷ ni, mae Nia'n 'HM' – *high maintenance*!

Nain ofalgar

Mam gariadus

Gyda phopeth mae hi wedi'i wneud ar hyd y blynyddoedd, dwi wedi byw pob eiliad ohono. Pan oedd hi'n blentyn roedd angen llenwi ei diwrnod bob dydd. Bu Nia'n bwyta tywod ar draeth Rhosneigr lawer tro, ac wrth fod ar draeth Llanddwyn bron bob dydd fe dreulion ni set gyfan o olwynion ei choets. Roedd angen trefnu rhyw weithgaredd bob un diwrnod, fel gwneud a pheintio llong allan o focsys cardbord neu addurno lorïau ar gyfer carnifal Dwyran.

Yn ystod ei dyddiau ysgol byddwn ar gael cyn pob arholiad i ofyn llu o gwestiynau iddi i brofi ei gwybodaeth. Cefais ehangu f'addysg innau ar yr un pryd! Oherwydd ein bod yn ffrindiau mawr byddaf weithiau'n cael gormod o wybodaeth ganddi am ei hanturiaethau – fel cyfarfod dyn y tu ôl i lwyn yn India, cyfarfod cymeriadau hynod yn Istanbul, cysgu o dan bont yn Israel, hen gariadon ac yn y blaen. A dweud y gwir, mae Nia'n reit ddiniwed mewn llawer ffordd – pwy arall fyddai'n meddwl fod prawf MOT ar gar yn golygu fod y car wedi cael syrfis llawn?

Ei hoff bleser, wrth gwrs, ydi *pobol*. Unrhyw gyfle geith hi, mae hi'n barod i holi unrhyw ddieithryn, boed hynny ar drên, mewn caffi neu ar y stryd – er i mi drio'i rhybuddio yn erbyn hyn. Ond mae hi wedi elwa ac wedi'i haddysgu'i hun drwy sgwrsio â dieithriaid.

Gwaith, ia: gwaith amser llawn go iawn, ond gwaith pleserus iawn, iawn oedd magu Nia. Y cwestiwn ofynnodd hi i mi yn ddiweddar oedd, 'Oeddet ti'n fy ngharu fi gymaint â dwi'n caru Hedd?' A'r ateb, wrth gwrs, ydi 'Oeddwn' ac 'Ydw'.

Nia, yn ôl Popsi (Dafydd) ei thad

'Paid â phoeni, Dad. Mi fydda i'n iawn.' Taswn i wedi cael swllt am bob tro ddwedodd Nia hynna wrtha i, erbyn heddiw mi fasa gen i fwy o arian na'r Mint Brenhinol! Roedd antur a rhamant yn amlwg yn rhan bwysig o'i chymeriad o'r dechra, ac mae rhinweddau diniwed ei phlentyndod yn dal yn amlwg yn y ddynes a'r fam heddiw.

O oedran ifanc iawn byddai Nia'n gweithio'n galed ar ei pherthynas â'i chyfoedion. Roedd pawb yn 'berffaith', yn 'lyfli' neu'n 'siwgr' ganddi. Os nad oedden nhw, roedd hi wastad yn barod i wneud esgusodion drostyn nhw: 'Maen nhw wedi cael amser caled' neu 'Peidiwch â'i barnu hi neu fo; pwy a ŵyr pa faich sydd ganddo/ganddi i'w gario?' A hyd yn oed weithiau, 'Arna i mae'r bai.'

Mae'n berson hyfryd, wastad yn diolch am gymwynas ac yn gwir werthfawrogi ei theulu a'i ffrindiau. Allwn i ddim bod wedi cael merch berffeithiach a mwy cariadus – na mwy styfnig! Yn ei harddegau doedd 'na fawr o bwynt i mi ei rhoi ar ben ffordd – roedd hi'n amlwg yn gwybod llawer mwy na fi.

Mae'n bechod na fasa'i chynulleidfa yn cael y cyfle i'w hadnabod yn well. Wedi dweud hynna, mae pobol yn dweud wrtha i o hyd gymaint maen nhw'n mwynhau ei gweld ar y teledu. Yr adegau hynny, mi fydda i'n dweud mor falch ydw i ohoni a bod y person lliwgar a hwyliog, bywiog a chydwybodol, cynnes ac agos atoch, deallus a doeth, dwfn a dwys rydach chi'n ei weld ar y teledu yn union fel y mae hi yn ei chartref, yn y gymuned, yn ei gwaith ac efo'i theulu. Ac os ydach chi'n meddwl fy mod i'n gor-ddweud, gofynnwch i unrhyw un sydd wedi dod ar ei thraws. Heblaw am un! Fe alwodd Dirprwy Brif Weinidog Cymru hi'n 'scary lady' ar ôl bod yn ei chwmni'n ddiweddar. Nefar in Ewrop, bois bach!

Dad – y jôcar!

A dyma Taid 'di dotio

Fy arwr!

Neiniau a theidiau

Dwi'n lwcus mod i wedi cael y cyfle i fwynhau cwmni'r pedwar ohonyn nhw – Nain Sally a Taid Bob (rhieni Mam), a Nain Madge a Taid Talysarn (mam a llystad Dad).

Nain Sally a Taid Bob, efo Mam a'i chwaer yn blant

Dyl a Taid Bob ar y si-so

Fi a Nain Sally

Nain Sally a Taid Bob, Cae Cnyciog

Roedd Nain Sally a Taid Bob yn byw yn Llanfair-pwll. Roedd Taid yn gweithio fel gwerthwr bwydydd gyda chwmni John Edwards ym Mhorthaethwy, a Nain yn gweithio yn siop W. R. Jones yn Llanfair-pwll.

Cyn i ni symud i fyw i Landrillo-yn-Rhos, byddwn yn mynd draw i'w gweld bob penwythnos, neu fe fydden nhw'n dod draw acw. Os cyrhaeddwn adra ar nos Wener ac ogleuo polish, byddwn yn gwybod eu bod nhw acw a bod Nain Sally wrthi'n llnau brasys i Mam! Roedd Nain yn un weithgar iawn, yn berson oedd yn gwneud pob dim hyd eitha'i gallu, boed hynny'n sgwrio'r llawr neu'n baratoi bwyd blasus. Pwtan fach oedd hi ond mi oedd hi'n rêl deinamo! Yn reit llym, mewn ffordd gariadus.

Roedd hi a Taid mor wahanol i'w gilydd. Roedd Taid yn bwyllog, yn gwneud pob dim wrth ei bwysau, tra oedd Nain Sally yn mynd ffwl pelt. Roedd 'na awyrgylch o gariad, chwerthin a chyffro bob tro bydden nhw'n dod draw.

Mae gen i gymaint o atgofion hapus am y ddau – cael chwarae efo'r pethau oedd ar fwrdd gwisgo Nain, gwneud den yn eu gardd nhw, mynd i siop Charles i brynu da-da ac i'r siop wlân (mi fydda Nain yn treulio oriau'n gweu o flaen y teledu; roedd hi'n ffan mawr iawn o *Coronation Street*), chwarae cardiau, *Snakes and Ladders* a draffts efo'r ddau ohonyn nhw o flaen y tân. Ac, ar fore Sul, mynd i'r capel efo Taid Bob. Ro'n i'n wirioneddol mwynhau mynd yno efo fo.

Bu Nain farw'n ddisymwth pan o'n i'n bedair ar ddeg oed. Doedd hi erioed wedi bod yn sâl ond cafodd waedlif ar yr ymennydd tra oedden ni i ffwrdd yng Nghaerdydd. Roedd yn sioc ofnadwy.

Daeth Taid Bob i fyw aton ni am gyfnod, ac i mi

roedd hynny'n lyfli gan mod i wedi gallu datblygu perthynas wahanol iawn efo fo yn y cyfnod hwnnw. Fydden ni'n treulio llawer o amser yn sgwrsio am y pethau sy'n bwysig mewn bywyd, ac mi wnes i ffurfio barn am lawer o wahanol bethau, yn cynnwys arbrofi ar anifeiliaid a phwysigrwydd mudiadau heddwch fel CND a Greenpeace. Roedd gan Taid farn gref ar bopeth. Doedd ganddo fo ddim i'w ddweud wrth y Teulu Brenhinol! Y rhai oedd yn haeddu parch, yn ei farn o, oedd pobol oedd wedi cael addysg ac wedi ennill gradd. Roedd o'n berson diwylliedig iawn a chanddo lawysgrifen brydferth, ac roedd Cymru a'r iaith yn bwysig iddo. Roedd o hefyd yn berson crefyddol iawn ond doedd o ddim yn sych-dduwiol. Gallai adrodd darnau hir o'r Beibl, ac roedd o'n hollol bendant fod Iesu Grist wedi ymddangos iddo fo unwaith pan oedd o'n mynd â fi am dro yn y goets. Roedd Crist yno, medda Taid, i ddangos ei fod am edrych ar fy ôl i ar fy nhaith drwy'r byd.

Un oedd yn gofalu amdana i oedd Taid, yn barod i achub fy ngham bob tro. Bu farw pan o'n i ar fy mlwyddyn ola yn y coleg. Mae'n biti na chafodd o fy ngweld i'n graddio ac yn cael swydd ar S4C (oedd mor agos at ei galon), yn priodi ac yn dod yn fam. Mi fasa fo wedi bod wrth ei fodd.

O'r holl bobol dwi wedi'u nabod yn fy mywyd hyd yn hyn, Taid Bob sydd wedi gwneud yr argraff fwya arna i. Bu farw ar y pumed o Chwefror 1996 – diwrnod gwaetha fy mywyd i, yn sicir.

Dyma'r gerdd luniodd Taid Bob i'w rhoi yn fy Meibl pan anwyd fi:

Gwyn yw'r llyfr a gwyn yw'r Gair,
Gwyn oedd Iesu, baban Mair.
Gwyn wyt tithau, Nia fach;
Gwyn dy fyd, a bywyd iach.

Conshi

Dwi mor browd o'r ffaith mai un o lysenwau Taid Bob oedd y Conshi Bach, oherwydd ei fod yn wrthwynebydd cydwybodol (*conscientious objector*) yn ystod yr Ail Ryfel Byd.

Ers fy nyddiau ysgol cynnar, a finnau'n gwisgo bathodyn CND ar fy siwmper, dwi wedi credu'n gry bod rhyfel yn beth ofer ac afiach ac anghywir. Mi gofia i'r wefr o fod yn rhan o'r orymdaith yng Nghaerdydd yn erbyn mynd i ryfel ag Irac, y wefr o deimlo nad fi oedd yr unig un oedd yn meddwl bod hyn yn gwbl wallgo ac yn droëdig. Dydi talu'r pwyth yn ôl erioed wedi bod yn fy natur, a dwi'n un sy'n maddau'n hawdd. Wrth gwrs, dydi hynna ddim yn golygu nad ydi pobol wedi fy mrifo, ac yn dal i wneud hynny. O na, ac fe all olygu bod pobol yn cymryd mantais ohona i, hyd yn oed. Dwi ddim yn deud am funud bod maddau bob amser yn hawdd, ond yn y pen draw, dwi'n credu mai fi sy'n elwa o fedru gadael i'r casineb fynd, gan gadw lle i emosiynau mwy cadarnhaol.

Nain Madge a Taid Talysarn

Fel dwedais i ar y dechrau, roedd Nain Madge a Taid Talysarn yn byw drws nesa i ni yn Nwyran. Roedd Taid, Evan Williams, yn dod o'r pentref yn wreiddiol. Bu farw'i wraig gyntaf yn fuan ar ôl genedigaeth eu merch, Ann. Roedd o'n garedig iawn efo ni. Ffarmio oedd o a gwerthu tatws, ond ceffylau oedd ei gariad mawr o.

Cadw siop ddillad E & I Stores yng Nghaernarfon roedd o a Nain Madge, oedd yn dod o Lerpwl yn wreiddiol. Fe fyddai'n mynd i Fanceinion yn amal i brynu dillad, ac wastad yn dod â ffrog fach adra i mi. Mae Nain Madge hyd heddiw bob amser yn smart, a'i hewinedd wedi'u peintio.

Taid Talysarn yn siglo'r siglen

Yn grand i gyd mewn priodas

Cafodd ei hanfon draw i Sir Fôn yn ddeunaw oed yn ystod yr Ail Ryfel Byd pan oedd dinas Lerpwl yn cael ei bomio. Mae'n cofio cyrraedd yr ynys a theimlo'i bod ar blaned arall gan nad oedd ganddi unrhyw Gymraeg. Ond fe ddysgodd yr iaith yn ddigon sydyn pan ddaeth yn berchen ar siop Central Stores ym mhentref Niwbwrch. Priododd â hogyn o Niwbwrch, William Pritchard Parry, ond fe fu o farw'n ddyn ifanc 47 oed, gan ei gadael hi i fagu pedwar mab – Bil, Michael, Dad a Steven. Yna fe wnaeth hi gyfarfod Taid, oedd yn galw yn y siop i werthu tatws. Mi briodon nhw, a daeth Medwyn ac Ann (plant Taid) yn frawd a chwaer newydd i'r uned deuluol.

Nia, goleuni fy mywyd, gan Nain Madge

Mae Nia'n werth y byd i gyd yn grwn. Mae hi'n annwyl ac yn hapus bob amser. Mae hi hefyd yn berson sensitif ac emosiynol. A dweud y gwir, dwi'n ei haddoli hi; hi ydi'r goleuni yn fy mywyd i.

Hedd a'i hen nain gariadus

Mae Nain yn 90 erbyn hyn ond yn edrych yn llawer iau na'i hoed. Mae ei chroen yn edrych yn wych, sy'n syndod o feddwl iddi fod yn smocio er pan oedd hi'n ddeg oed! Mae ganddi lawer o egni. Mi deithiodd hi a Taid dros y byd, a does dim byd cul amdani. Mae'n derbyn pawb a phopeth. Symudodd i fyw i Gaernarfon ac mae'n mwynhau ei bywyd yno – yn mynd i'r Bingo bob dydd i gael gweld ei ffrindiau, a chael sgwrs ac ati. Mae 'na dân yn ei bol hi. Un ar hugain oed ydi hi yn ei phen!

Mam a Dad

Nhw ydi fy ffrindiau gorau i. Maen nhw'n fy nallt i i'r dim. Ers i Aled a finnau ddod 'nôl i'r gogledd i fyw ddwy flynedd yn ôl, rydan ni wedi closio at ein gilydd eto. Dyna pam o'n i isio dod yn ôl adra gymaint – ro'n i am fod yn agosach atyn nhw.

Mi wnaethon nhw fy magu i i fod yn berson annibynnol a pharod i adael cartre. I mi, mae hynny'n destament i'w llwyddiant fel rhieni. Rŵan mod i'n rhiant fy hun, fedra i ond dychmygu pa mor anodd ydi hi i ollwng gafael ar eich plant yn y ffordd yna – gadael iddyn nhw hedfan o'r nyth yn hyderus ac yn llawn brwdfrydedd tuag at yr antur o'u blaenau.

Yr hyn sy'n rhoi mwy o bleser i mi rŵan na dim yn y byd ydi gweld y pleser maen *nhw*'n ei gael yng nghwmni Hedd, fy mab bach i. Mae'r cariad diamod, y gofal, yr hwyl a'r amynedd maen nhw'n eu dangos wrth fod efo fo yn dod â dagrau i fy llygaid yn amal. I mi, mae'n rhoi cipolwg o'r fagwraeth ofalgar a hapus ges i, a dwi wir yn ei hystyried hi'n fraint cael bod yn ferch iddyn nhw.

Dad (aka 'Popsi')

Dad sydd wedi nysgu i i fentro, i fod yn ddewr, i gredu ynof fy hun ac i fod yn hyderus yn fy ngallu. Mae ganddo'r ddawn i droi pob dim yn bositif. Mae'i gwpan o bob amser yn hanner llawn, er ei fod yn realydd. Mae Dad yn credu bod dysgu gwersi wrth fethu yr un mor bwysig â llwyddo. Mae hyn wedi cael cymaint o ddylanwad arna i dros y blynyddoedd. Dwi ddim yn credu y baswn i wedi cael hanner y profiadau dwi wedi'u cael heb iddo fo fod wedi dysgu'r gwersi yna i mi.

Mae Dad wedi newid ei swydd yn gyson – rhedeg busnes gwerthu tatws a dreifio lorri, athro

Dad yn mwynhau gêm efo Yncl Don ac Anti Dil

Yncl Don, Mam a Dad yn Blackpool

drama yn Splott yng Nghaerdydd, rheolwr cymdeithas adeiladu, rhedeg Menter yr Ifanc (Cymru), ymgynghorydd busnes efo'r Cynulliad, rhedeg busnes ffenestri, darparu hyfforddiant, a rŵan yn rhedeg busnes sgaffaldiau mwyaf gogledd Cymru. Dwi'n falch iawn o Dad a'r hyn y mae o wedi'i gyflawni. Gefnogodd o fi pan benderfynes i fynd i weithio i'r cyfryngau, gan adael swydd saff ro'n i'n ei mwynhau, yn dysgu Cymraeg i oedolion yn y brifysgol. Mae o'n fy annog i ailasesu'n gyson lle dwi'n mynd o ran fy ngyrfa, ac mae o bob amser yn barod i wrando ac yn cynnig cyngor call ac ymarferol.

Mae Dad wastad yn gwneud i mi chwerthin! Mae ganddo fo gwyrcs bach digon doniol. Mae'n ei theimlo hi'n boeth o hyd ac yn cerdded o gwmpas y tŷ heb dop, ac yn gweithio yn y garej yn potran tan oriau mân y bore. Mae'n hoffi palu i berfeddion cyfrifiaduron, a thynnu pethau'n ddarnau a'u hailadeiladu – a hyn i gyd heb wisgo top! Pan o'n i'n ifanc, ro'n i'n dod adra o glwb nos am dri y bore ac roedd Dad yn dal yn y garej!

Mae o'n ddyn caredig iawn ac yn barod ei gymwynas. Tra o'n i'n tyfu i fyny roedd 'na wastad bobol draw yn ein tŷ ni yn holi am help Dad, ac yntau'n barod iawn i'w roi. Mae Dad yn foi gwych am DIY a datrys problemau, ac wedi gweithio fel ffŵl ar bob tŷ dwi wedi byw ynddo erioed. 'Dan ni'n ymddiddori yn yr un pethau – NLP (rhaglennu niwro-ieithyddol), seicoleg, meddyginiaethau amgen, a hyfforddiant sut i fyw eich bywyd. Mae Mam yn meddwl bod hyn i gyd yn rwtsh llwyr!

Mae'n ddyn deallus, egwyddorol a hyderus; yn berson penderfynol, dewr, mentrus, gweithgar a sensitif iawn. Fo ydi'r un sydd bob amser yn crio wrth wylio *Secret Millionaire* neu *Casualty*.

Ond peidiwch â meddwl ei fod o'n berffaith! Mae o'n flêr, yn uffernol o flêr! Mae'n colli pethau trwy'r amser. 'Rhiannon, lle mae . . .' ydi'r frawddeg sy'n cael ei chlywed amla yn y tŷ! Mae'n anghofus hefyd. Mi wnaeth o anghofio rhoi ffilm yn y camera ar fy niwrnod graddio yn Abertawe. Felly doedd gen i ddim un llun o'r achlysur er bod degau ohonyn nhw wedi'u tynnu! Doedd dim amdani ond benthyg gwisg rhywun arall a thynnu llun ohona i yn fy *gown* y diwrnod wedyn. Ac mi lwyddodd i golli'r ffilm dynnon ni ar ddiwrnod ein priodas hefyd! Mae Mam yn swnian arno fo'n amal am ei fod o mor flêr, ond faswn i ddim isio iddo fo newid dim. Dwi'n ei garu fo'n union fel ag y mae o.

Mam (aka 'Leid', 'Kitty' neu 'Wanna' – ei llysenwau yn ein teulu ni!)

Anti Dil a Mam a'u gwallt fflic-yp

Mae llawer o bobol yn dweud bod Mam a finnau'n edrych yn debyg iawn i'n gilydd. Mae hyn bob amser yn newyddion da i mi gan fy mod yn meddwl bod Mam yn brydferth ym mhob ffordd – tu mewn a thu allan. Pan o'n i'n hogan fach, ro'n i wastad isio bod fel mam – waw, mi oedd hi'n gwisgo dillad neis, ac yn edrych fel tywysoges brydferth, gyda'i fflic-yps cŵl!

Mae ganddi fwy o egni ac awch am fywyd nag unrhyw un dwi'n ei nabod. Mae'n gwneud pob dim ar wib a chyda'i holl enaid. Mae'n weithgar, yn ddibynadwy ac yn drefnus iawn, iawn. Mae'n gymeriad byrlymus a siaradus sy'n chwerthin yn rhwydd – yn gwenu drwy'r amser ac yn gymeriad heulog a hyfryd. Mae pawb sy'n ei nabod yn awyddus i gael ei chwmni. Mi gafodd hi'r teitl 'Dynas y wên a'r winc' gan gyd-weithiwr iddi, ac mae unrhyw un sy'n ei nabod yn dallt pam. Mae hi wastad wedi dweud wrtha i nad ydi 'gwên yn costio dim' – un o wersi mwya gwerthfawr fy mywyd hyd yn hyn. Mae hi ei hun yn gariadus ac yn hynod o ffeind.

Mam – meistres y myltitasgio!

Nain falch!

Yn ôl Mam, i fyny ysgol yn peintio *gable end* y tŷ oedd hi pan dorrodd ei dŵr efo fi. Mae hynny'n dangos i chi'r math o berson ydi hi! Pan fyddai hi'n fy mhrofi i'm helpu i adolygu erstalwm, roedd hi'n gwybod y cwrs cystal â fi. Roedd hi hefyd yn ddoeth ei chyngor, ac yn barod i wrando pan o'n i'n cael trafferthion efo hogia! Roedd ganddi ffordd glyfar iawn o neud i mi gyrraedd penderfyniad neu ddatrys problem heb i mi deimlo ei bod hi jyst yn deud wrtha i be i neud. Roedd ei llythyrau wythnosol – tudalennau ohonyn nhw – pan o'n i yn y coleg yn bleser i'w derbyn.

Mae Mam yn hapus ymysg ei ffrindiau agos, ac mae'r agosatrwydd hwnnw'n bwysig iddi. Mae'n berson triw, gonest a strêt, yn un ffraeth ei thafod ar adegau. Mae'n siarad yn blaen ac yn deud ei deud – fel byddai Nain Sally yn arfer ei wneud – nid mewn ffordd gas ond efo hiwmor, sy'n rhywbeth pwysig iawn i Mam. Does dim un adeg pan 'dan ni efo'n gilydd nad ydan ni'n chwerthin am rywbeth. Yr un pethau sy'n gwneud i ni chwerthin, ac mae'r un chwerthiniad gynnon ni hyd yn oed – 'cackle' mae Aled yn ei alw fo! 'Dan ni'n licio janglo, ac mi fasan ni'n medru siarad drwy'r dydd a'r nos am y naill beth a'r llall.

Yn y bôn, mae hi'n gwmni ffantastig, a dwi'n ei charu hi lot fawr.

Mynd ar garlam

Os ydach chi'n dotio ar geffylau, dwi'n siŵr y byddech chi'n cytuno nad oes 'na ddim gwefr debyg i'r wefr o garlamu ar draeth ar gefn ceffyl heb gyfrwy. Mae'n rhoi croen gŵydd i mi wrth feddwl am y peth.

Mae'n debyg mod i wedi marchogaeth bron bob un diwrnod o'r adeg o'n i'n bump oed nes i mi adael i fynd i'r coleg yn ddeunaw. Ro'n i hefyd yn rhoi help llaw yn Bessie's, stablau lleol yng Nglanwydden. Keegan oedd enw fy ngheffyl i. Doedd dim rhaid i mi boeni am orfod cystadlu efo neb arall am y pleser o'i farchogaeth, achos doedd o ddim yn un hawdd ei drin. Roedd arno ofn dŵr ac yn geffyl bach digon crintachlyd ond mi o'n i'n ei garu. Dyna oedd fy myd am flynyddoedd – arwain plant bach ar gefn ceffylau o amgylch Bryn Pydew, carthu stablau a bwyta *pot noodles* o flaen y tân bach nwy yn y cwt pren a elwid 'y swyddfa'!

Yn y coleg, fedrwn i ddim fforddio mynd i farchogaeth yn Abertawe. Bu farw Bessie, caewyd y stablau a daeth diwedd ar fy nghysylltiad rheolaidd i â cheffylau. Dychmygwch fy nghyffro flynyddoedd yn ddiweddarach pan ofynnwyd i mi gyflwyno o'r Cylch Ceffylau yn y Sioe Amaethyddol yn Llanelwedd, ac wedyn i gyflwyno rhaglen arbennig am geffylau yn y Ffair Aeaf – gwych! Ryw ddiwrnod dwi'n hyderus y ca' i eto brofi'r wefr o garlamu heb gyfrwy ar hyd traeth.

Keegan, y ceffyl oedd dipyn yn wyllt, a deud y lleia – ond ro'n i'n ei garu o!

Dylan, fy mrawd bach

Mi oedd o wastad yn ddirgelwch i mi sut roedd plant eraill yn ffraeo efo'u brodyr a'u chwiorydd byth a beunydd. Ro'n i wrth fy modd efo fy mrawd bach, a dwi'n dal i fod hyd heddiw!

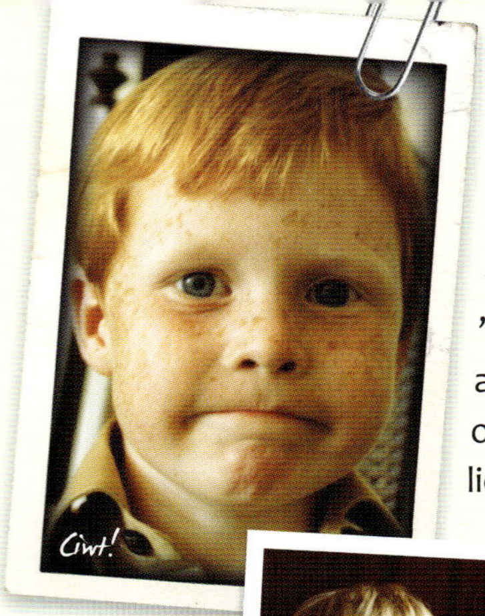

Mae gen i go' clir am Dylan yn dŵad adra o'r ysbyty, mor fychan ac mor esmwyth ei groen. Fy hoff gêm, unwaith roedd o'n ddigon cryf i eistedd i fyny, oedd gosod ci bach tegan oedd yn cyfarth a neidio o'i flaen a'i wylio'n chwerthin nes ei fod o'n wan. Am flynyddoedd, roedd Dyl fel tegan i mi. Roedd o'n rhywun i'w wisgo i fyny – dwi'n cofio gwneud iddo wisgo fel nyrs ac fel merch fach o'r Iseldiroedd!

Roeddan ni'n chwarae gêmau efo'n gilydd yn amal: cardiau – Brag a Newmarket (y rheiny efo Nain a Taid); draffts; gêmau bwrdd fel Guess Who a Downfall, snwcer a gêmau peryg fel gwthio'n gilydd i lawr y stepiau yn yr ardd ar y 'Big Wheel'– beic tair olwyn! Ond mi ddaeth 'na adeg pan oedd gen i fwy o ddiddordeb mewn doliau Sindy a cheffylau, a fynta efo mwy o ddiddordeb yn ei gêmau cyfrifiadurol a'i bêl-droed.

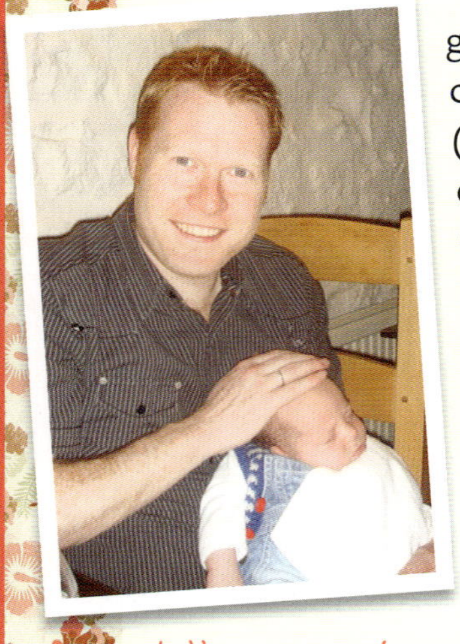

Hedd yn cael mwythau gan ei Yncl Dyl

Mae'n debyg bod ganddo fynta fel finna dipyn o ryw 'gwyrcs' bach! Os ydw i'n licio trefn a chreu rhestrau, wel, roedd o'n waeth o lawer! Roedd 'na wastad restr ar y gweill – rhestrau o anrhegion Dolig roedd o eu hisio, rhestrau o chwaraewyr pêl-droed roedd o'n eu licio, rhestrau o'r ffilmiau a'r rhaglenni teledu roedd o wedi'u gwylio.

Y tad a'r mab – yn mynd yn debycach bob dydd

Roedd ganddo het wlân oedd wastad ar y patio tra byddai o'n cicio pêl ar y lawnt. Roedd yr het yn llawn darnau bach o bapur a rhifau arnyn nhw – allan o'r het roedd o'n tynnu'r timau pêl-droed ac wedyn yn chwarae pob gêm a rhoi sylwebaeth lawn ar lafar wrth chwarae. *Fo* oedd pob chwaraewr yn y tîm! Dwi'n cofio rhyfeddu at ei ddychymyg a'i allu i ymgolli yn ei fyd bach ei hun.

Dyna un ffordd roedd Dyl a finnau'n wahanol iawn i'n gilydd yn blant – roedd o wastad yn hapus efo'i gwmni'i hun lle ro'n i wastad isio i Mam a Dad neu ffrind chwarae efo fi, neu fy ngwylio'n chwarae – jyst bod yna.

Doedd pethau ddim yn fêl i gyd rhyngddon ni chwaith, O na. Www, wnes i wylltio efo fo pan agorodd o fy mocs casglu rwberi, a chnoi a gadael ôl dannedd ar y rwberi i gyd. Pan oedd fy nghyfnither Rhian a minnau'n dod at ein gilydd, mae'n rhaid i mi gyfaddef ein bod ni'n pigo arno fo. Dyl druan. Sorri, Dyl!

Mae Dyl wedi dotio at deledu a ffilmiau erioed. Roedd o'n gwybod pob gair o'r ffilmiau *Back to the Future*, ac fe ysgrifennodd y *sequel* cyn i'r *sequel* ddod allan! 'Sdim rhyfedd mai astudio Ffilm a Theledu wnaeth o, a'i fod o rŵan yn gweithio fel golygydd.

Mae Dyl yn berson creadigol a thalentog, yn berson poblogaidd a chymdeithasol iawn. Mae o fel magnet yn denu pobol ato. Ddwy flynedd yn ôl, mi aeth trwy brofedigaeth erchyll pan gollodd ei bartner wedi wyth mlynedd o berthynas. Mae gweld rhywun dach chi'n ei garu yn mynd trwy brofiad fel hyn fel cael cyllell yn eich perfedd. Mi wnaeth Dyl ymateb i'r galar a'r tristwch mewn ffordd mor agored a chyda sensitifrwydd mor rhyfeddol, alla i ddim esbonio pa mor browd ydw i o'r ffordd mae o wedi ymdopi a goroesi'r profiad.

Y gwir ydi, dwi'n browd iawn o fod yn chwaer fawr iddo fo, a dwi'n dal i deimlo'n famol ac yn ofalus ohono. Fo ydi mrawd bach i – y gorau y gallai unrhyw un ofyn amdano.

Diolch, Mam, am ein rhoi ni'n dau mewn iwnifform! Neis!

Addysg

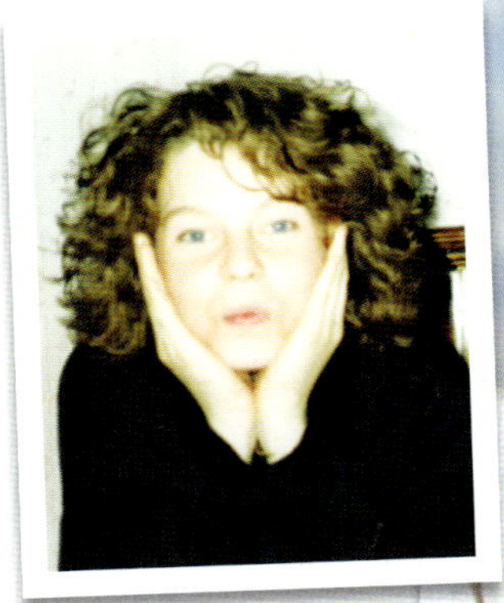

Sawl 'bad hair day'!

Ysgol y Creuddyn

Mae f'anturiaethau yn yr ysgol uwchradd yn fyw iawn yn fy nghof, fel taswn i'n ddisgybl yno ddoe ddiwetha. Mi ges i amser wrth fy modd yn Ysgol y Creuddyn yn ystod y blynyddoedd anodd hynny pan mae rhywun yn trio'i 'ffeindio'i hun'.

Ro'n i'n dipyn o swot, mae'n rhaid i mi gyfaddef – yn gwneud pob gwaith cartref ac yn paratoi'n drylwyr at bob arholiad. Droeon mi arhosais i ar fy nhraed drwy'r nos yn paratoi prosiectau ac yn adolygu hyd yr eiliad ola posib – yn rhannol oherwydd mod i'n gadael pethau tan y munud ola, ac yn rhannol achos mod i'n benderfynol o neud y joban orau fedrwn i.

Arholiadau TGAU drosodd

Ond mi *wnes* i fwynhau'r pethau tu allan i'r gwaith academaidd hefyd! Pethau fel y teithiau ysgol efo'r Clwb Mynydda, ymddangos yn fideo pop yr Anrhefn ar ben yr Wyddfa, teithiau ysgol i Baris a chrio pan wnes i sylweddoli mod i wedi bwyta ceffyl, dawnsio i ganeuon Tracy Chapman ar y bws, a chael ffrae am fod yn stafell yr hogia ganol nos! Taith fythgofiadwy i'r Swistir, wedyn, lle cawson ni'r lwc dda o aros yn yr un gwesty â thua chant o bêl-droedwyr ifanc. Roedd ceisio sgwrsio efo Bernard yn symbyliad gwych i ymarfer fy Ffrangeg. Ooo, atgofion melys!

A sôn am hogia . . . wel . . . o'n, mi o'n i'n licio hogia (peidiwch â phoeni, dwi ddim am ddechrau enwi neb!). Y gwir ydi, mae'r holl gamgymeriadau a'r holl brofiadau dach chi'n gael wrth dyfu i fyny yn lles mawr ichi wrth ddewis cymar oes. Rywsut, dach chi'n dallt erbyn hynny be sy'n bwysig, be sy'n gweithio a be dach chi'i angen mewn perthynas – dyna ydi f'esgus i, beth bynnag!

Un o'r petha mwya *embarrassing* a thrawmatig ddigwyddodd i fi oedd dŵad oddi ar y bws ysgol a'm meddwl i'n bell. Mi drawodd y bws fi, a syrthies i'r llawr. Fanna o'n i'n gorwedd efo hanner fy nghorff o dan y bws (ddim o dan yr olwynion, diolch byth!). Ro'n i'n hollol iawn ond roedd gen i gymaint o gywilydd wrth i bawb ar y bws godi o'u seddau i edrych pwy oedd y ffŵl gwirion oedd wedi gwneud y fath beth. Dim ond jôcs am fysys ges i am fisoedd ar ôl hynny.

Roedd cymryd rhan ym mhopeth yn bwysig i mi a buan iawn y dois i'n aelod o'r tîm hoci, tennis a phêl-fasged, tîm y cwis llyfrau, y côr, cyflwyniadau eisteddfod a sioeau cerdd. Ond fy nghariad penna yn nyddiau Creuddyn oedd chwarae pêl-rwyd.

Mae'n debyg mai dyna pam ges i f'ethol yn Brif Ddisgybl hefyd – am mod i'n dipyn o *mug* ac yn barod i wneud dyletswydd cinio a darllen yn y gwasanaeth a'r holl bethau diflas eraill sydd ynghlwm â hynny. Ond ro'n i *yn* cael trefnu gìgs ac roedd hynny'n hwyl. Roedd 'na griw grêt yn fy nosbarth i – criw direidus, hwyliog – ac roedden ni'n gwneud dryga diniwed fel dianc i Landudno a Bae Penrhyn amser cinio. Doeddan ni ddim i fod i adael tir yr ysgol, wrth gwrs. Dwi'n cofio ni'n gweld y prifathro, Roland Jones (Roli Jo), y tu allan i gaffi ym Mae Penrhyn a ninnau'n perswadio'r perchennog i adael i ni ddianc trwy'r drws cefn. I ffwrdd â ni nerth ein traed dan chwerthin ac yn syth i'r ffreutur i esgus mai *yno* roeddan ni'n cael cinio. Ond buan iawn y brasgamodd Roli Jo i'r ffreutur a'n galw i'w stafell i gael ram dam iawn.

Chwarae teg iddo, roedd Roli Jo'n brifathro carismatig a theg. Roedd Ysgol y Creuddyn yn ferw o athrawon gwych – Enid Christie, a dreuliodd oriau yn ein cwmni ar fysiau mini ar hyd a lled y sir yn mynd o un gêm a thwrnamaint pêl-rwyd i'r llall (hi ddysgodd i mi fod rhaid ymdrechu gant y cant o hyd, a bod tynnu'ch pwysau mewn tîm yn bwysig); Beryl Jones, yr athrawes Gymraeg oedd â llais melfedaidd ac iaith raenus farddonol a ddysgodd i mi garu'r Gymraeg, ac Olwen Williams, yr athrawes Saesneg angerddol oedd wastad yn mynd y filltir ychwanegol. Roedd cinio ysgol Mona Lloyd, y gogyddes, yn flasus a'i *shortbread* ac eisin yn *yum yum*!

Roedd Mam yn gweithio fel swyddog gweinyddol yn Ysgol y Creuddyn yr holl flynyddoedd ro'n i yn yr ysgol. Roedd rhywbeth braf am gael Mam yno, yn enwedig gan mod i'n gwybod ei bod hi'n boblogaidd ymysg yr athrawon a'r plant. Ond doedd 'na ddim gobaith i mi gael getawê efo dim chwaith – ia, hi oedd y gynta i wybod pan ges i fy nal yn snogio wrth y drysau tu allan mewn disgo ysgol.

Miss Moody yn Sbaen

Y criw yn Steddfod yr Wyddgrug 1991

Dyddiau da, gan Mrs Beryl Jones

Roedd Mrs Beryl Jones yn athrawes Gymraeg yn Ysgol y Creuddyn. Hi ysbrydolodd fi i fod yn athrawes Gymraeg, am mai fel oedolyn y daeth hi ei hun yn rhugl yn y Gymraeg. Ei gŵr, y Parch. John Lewis Jones, oedd gweinidog ein capel ni – Capel Salem, Bae Colwyn; fo briododd Aled a finnau, ac mae'n ddyn sbesial iawn.

Rwy'n cofio Nia'n cyrraedd Ysgol y Creuddyn, Bae Penrhyn, ac yn dod yn aelod brwdfrydig o'r dosbarth Cymraeg. O'r cychwyn cyntaf, roedd hi'n amlwg bod Nia'n ferch ddeallus iawn ond roedd hi hefyd yn llawn hwyl ac yn barod iawn ei gwên. Roedd ganddi griw o ffrindiau o'r un anian, a mawr fyddai'r hwyl wrth baratoi ar gyfer eisteddfodau'r Urdd. Cyflwyniadau llafar oedd ei *forte* a gellid dibynnu arni i wneud ei rhan yn wych. Roedd egin cyflwynydd ynddi bryd hynny, mae'n rhaid!

Profiad o fath gwahanol oedd arholiadau, wrth gwrs. Roedd ymateb Nia i'r rhain yn unigryw. Byddai'i phapurau ateb yn dechrau'n hollol normal ond pan fyddai amser yn dechrau gwasgu, byddai'i hysgrifen yn tyfu, yn tyfu ac yn tyfu. Erbyn diwedd yr arholiad byddai tua deg gair yn llenwi'r papur. Ond roedd yna wastad sylwedd i'w gwaith. Cofiaf yn arbennig un darn o waith creadigol a gyfansoddodd ar ôl y brofedigaeth o golli'i nain Sir Fôn. Oes, mae dwyster yn ogystal â hwyl yng nghymeriad Nia. Braf yw gweld cyn-ddisgybl yn llwyddo cystal – fel cyflwynydd ac fel gwraig a mam!

Prifysgol Abertawe 1993–6

Y diwrnod y daeth Mam adra efo set o sosbenni newydd i fi fynd efo fi i'r coleg, dwi'n cofio torri fy nghalon. Do'n i ddim isio tyfu i fyny, do'n i ddim isio gadael ein cartref clyd ar Allanson Road, do'n i ddim isio gadael Mam a Dad a Dyl. Wnes i ddim meddwl be oedd mynd i ffwrdd i'r brifysgol yn ei olygu pan o'n i'n gweithio'n galed i basio fy lefel A, ac yn llenwi'r ffurflenni UCAS, heb feddwl bod hyn yn mynd

Fi, Babs, Loz, Katy a Rach yn enjôio'r coctels coch

i newid fy mywyd am byth. Pan ddaeth yr amser i mi adael, roedd ofn arna i.

Ond o fewn awr neu ddwy imi gyrraedd fy stafell fechan (E23) yn Neuadd Beck, Uplands, Abertawe, ro'n i'n teimlo'n gartrefol a'r sosbenni'n sgleinio'n slei arna i o'r gornel! O fewn tair awr, ro'n i yn y Tav yn cael peint efo'r bobol sy bellach yn ffrindiau mynwesol i mi. Es i ddim adra am ddeg wythnos – roedd gormod o bethau i'w gwneud: wythnos y Glas, a Noson Mam a Merch; twrnamaint clwb pêl-rwyd; ras gwrw; noson myfyrwyr yn Ritzy's a JC's . . . o ia, ac ambell ddarlith!

Do'n i ddim yn dallt y bobol hynny oedd yn dewis peidio â mynd i'w darlithoedd naw o'r gloch y bore, ond dyna fo, swot fues i rioed. Ro'n i'n mwynhau fy narlithoedd gymaint, es i i bob un ohonyn nhw! Roedd y cwrs yn fy ysbrydoli, yn gwneud i mi holi a chwestiynu a bod eisiau darllen mwy a gwybod mwy. Roedd Adran y Gymraeg yn Abertawe'n un braf i fod ynddi: Gaynor yr ysgrifenyddes fel mam i ni oll; Hywel Teifi Edwards yn arwr, yn rhethregwr ac yn berfformiwr heb ei ail; Dr Robert Owen Jones yn dadol ac yn annwyl ac yn ysbrydoliaeth; Heini Gruffudd yn gymeriad hoffus a hapus, a chriw da o gyd-fyfyrwyr.

Mi wnes i'r penderfyniad cynhennus o beidio â mynd i letya yn y neuadd Gymraeg. Ro'n i'n gwybod y byddwn i'n cwrdd â'r Cymry Cymraeg yn y darlithoedd, felly pa bwrpas oedd 'na mewn byw yn eu plith hefyd? Onid oedd hi'n well i mi fyw ymysg y Saeson a'r bobol ryngwladol er mwyn rhannu fy mhrofiad o Gymru efo nhw? Oedd: a dyna wnes i, er bod Hywel Teifi wedi cwestiynu hyn droeon, a minnau wedi gorfod amddiffyn fy mhenderfyniad!

Wrth edrych 'nôl ar fy nghyfnod yn y coleg, mae'n frith o atgofion melys a hapus – achlysuron cymdeithasol doniol a hwyliog, creu perthynas a ffurfio cyfeillgarwch efo pobol arbennig, syrthio mewn cariad, dysgu nifer o wersi bywyd ar sut i fyw yn annibynnol, y tripiau i'r traeth a'r Gŵyr, y cymdeithasau a'r clybiau di-ri. Mi wnes i'n fawr o fy amser yno, ac mi daniodd fy astudiaethau dân yn fy mol sydd, yn fy marn i, wedi ngwneud i'r person ydw i heddiw.

Dwi ddim yn burydd nac yn blismones iaith chwaith. Wedi dweud hynny, dwi'n credu bod cyfrifoldeb ar gyflwynwyr teledu i ddefnyddio iaith gywir, goeth. Ond fel arall, does dim ots os ydach chi'n camdreiglo, yn defnyddio bratiaith ar adegau neu'n defnyddio ambell air Saesneg, cyn belled â'ch bod chi'n defnyddio'r iaith Gymraeg. Mae cymhlethdod y taeog sy'n rhan ohonon ni fel Cymry mor gry fel ein bod yn fwy parod i droi i'r Saesneg, am nad ydan ni'n meddwl bod ein Cymraeg yn 'ddigon da'!

Reit 'ta, chi'r Cymry Cymraeg hynny sydd wedi bod drwy'r system addysg Gymraeg ond sydd bellach yn siarad fawr iawn o Gymraeg – ''cause I haven't spoken it since school' – neidiwch i'r tywyllwch, byddwch yn ddewr! Ofn sydd arnoch chi, diffyg hyder, ond os na wnewch *chi* ei siarad hi, mi fydd hi'n diflannu.

Ac wedyn, beth am y Cymry hynny sy'n gwrthod siarad efo dysgwyr am ei bod hi'n 'haws' defnyddio Saesneg, gan nad ydyn nhw'n siŵr sut i ddelio â'r sefyllfa? Mentrwch! Peidiwch â dilyn y llwybr hawdd bob tro. Cefnogwch y rheiny sy'n rhoi o'u hamser a'u hegni i ddysgu iaith sydd mor hawdd i ni'r Cymry Cymraeg. Maen nhw'n awyddus i siarad ein hiaith ni. Os na wnawn *ni* eu helpu nhw, pwy wneith?

Twll tin pob Sais

Ocê, rhowch hyn mewn persbectif: petaen ni'n deud 'twll tin pob dynas', neu berson anabl, a fyddai hynny'n dderbyniol? *Na fyddai!* Felly dydi 'Twll tin pob Sais' ddim yn dderbyniol chwaith, yn fy marn i.

Do, mi wnaethon ni ddioddef canrifoedd o orthrwm gan y Saeson. Oes, mae gynnon ni hanes dyrys o gael ein sathru a'n gwasgu ym mhob ffordd posib – y *'Welsh Not'* a Brad y Llyfrau Gleision ac ati – ond rydan ni wedi goroesi, ac yn dal yma i adrodd yr hanes.

Ia, twll tin i lywodraethau sy'n ceisio dileu a difa cenhedloedd ac ieithoedd, twll tin i unrhyw un sydd â rhagfarn yn ein herbyn ni'r Cymry, twll tin i'r rheiny sy'n symud yma i fyw ond yn amharod i gymathu a dysgu'r iaith a chofleidio'n diwylliant a'n hanes a'n cwyrcs Cymreig – ond nid 'Twll tin *pob* Sais', os gwelwch yn dda!

Dwi wedi dod i gysylltiad â llawer iawn o Saeson sydd ag agwedd mwy cadarnhaol at Gymru a'r Gymraeg na rhai Cymry. Maen nhw wedi mynd ati i ddysgu'r iaith, ac maen nhw'n fwy gweithgar yn eu cymunedau na rhai o'r brodorion cynhenid sydd wedi byw yno ar hyd eu hoes. Mae rhai o'm ffrindiau gorau yn y byd yn Saeson – Saeson sy'n gwaredu at ymddygiad eu llywodraeth ac at ei hanes o ormes, Saeson sensitif a chlên sy'n dotio ar Gymru, ei hiaith a'i diwylliant.

Nia, gan Rhian ei chyfnither

Mae Nia wedi bod yn berson pwysig iawn yn fy mywyd i erioed. A finnau'n unig blentyn, mae Nia'n teimlo'n debycach i chwaer i mi. Pan o'n i'n ferch fach, ro'n i'n galw'r cylchfan wrth ymyl ei thŷ hi yn *Magic Roundabout*, gymaint oedd y cyffro ro'n i ei deimlo wrth ei gweld hi bob gwyliau!

Dwi wedi datblygu trwy bob cyfnod yn fy mywyd yng nghwmni Nia, o chwarae efo My Little Ponies i ddarllen *Sweet Valley High*; wrth wrando ar Madonna ar ein stereos personol, a'r gwledda ganol nos ar frechdanau *golden syrup* a finegr o'r jar nionyn picl (wir!) i briodi a chael babis.

Mae Rhi fel chwaer i mi

Mae Nia wastad wedi bod yn berson cymdeithasgar. Mae'n feddylgar iawn ac yn teimlo dros bawb ac, o ganlyniad, mae ganddi lu o ffrindiau. Yr unig broblem gyda'i natur garedig ydi nad ydi hi'n gallu dweud 'Na' wrth neb. Dwi'n methu cyfri'r adegau dwi wedi awgrymu wrthi y dylsai hi ganslo rhyw drefniadau gan ei bod wedi blino cymaint nes ei bod hi'n crio. Ond dydi hi byth yn gwrando. Mae'n rhoi pawb arall yn gyntaf.

Un gair dwi bob amser yn ei gysylltu â Nia ydi *hwyl*! Mae fy meibion, ei mab bedydd Tomos (pump) a'i frawd bach Elis (dwy), yn cytuno'n llwyr. Maen nhw wrth eu boddau'n chwarae gyda hi. Er ein bod ni bellach yn byw yng Nghaint, dwi'n siarad Cymraeg â'r bechgyn. Ar adegau, mae hyn yn teimlo'n dipyn o her. Ond un o'r arfau sydd gen i ydi'r cariad mae'r bechgyn yn ei deimlo tuag at

Hei, Rhi, ti ffansi adeiladu castell?

Nia. Dwi'n gobeithio y bydd hwn yn datblygu i fod yn gariad at yr iaith ac at Gymru.

Dwi'n cofio Nia'n sôn wrtha i am yr adeg yr aeth hi ac Aled i'r ysbyty ar gyfer sgan pan oedd hi'n feichiog gyda Hedd. Ar ôl i Nia gael y sgan, mi aethon nhw am baned i gaffi'r ysbyty. Dywedodd y weinyddes wrthyn nhw yn fanno nad oedd hi erioed wedi gweld cwpwl oedd yn edrych cymaint wrth eu bodd o fod yn disgwyl babi. Nawr bod Hedd Efan wedi cyrraedd, dwi'n siŵr ei fod yntau'n teimlo fel y baban mwyaf lwcus yn y byd i gael tad a mam mor arbennig.

Anti Dilys, Yncl Don a Rhian

Ers y diwrnod y ces i fy ngeni, 'dan ni wedi treulio pob gwyliau haf, pob hanner tymor a phob Dolig efo unig chwaer mam, fy Anti Dil, ei gŵr Yncl Don a Rhian fy nghyfnither, sydd chwe mis yn iau na fi.

Os oes ail rieni i mi a Dyl yn y byd yma, dyma nhw. Maen nhw'n bobol garedig, gariadus, hael a hwyliog. Roedd Anti Dil yn bennaeth Saesneg yn Ysgol Glantaf, a bob tro dwi'n cyfarfod rhywun oedd yn ddisgybl iddi, dwi wastad yn gwybod y byddan nhw'n dweud bod Dilys Bradley'n berson hyfryd ac yn athrawes gwbl wych. Mae Yncl Don y math o berson sy'n medru ateb pob cwestiwn mewn gêm o Trivial Pursuits. Roedd yn bennaeth yr adran Newborn Screening yn Ysbyty'r Waun. Mae o'n ddeallus tu hwnt ond yn gwbl ddiymhongar.

Teulu'r godwm ar wyliau yn Ffrainc!

Dwy chwaer ddireidus

Pan es i i Gaerdydd i fyw i astudio ar gyfer fy MPhil, gofynnais i'r teulu 'sgwn i gawn i aros efo nhw am ryw dri mis. Dair blynedd yn ddiweddarach ro'n i'n gadael eu cartre nhw ar ôl prynu tŷ! Yn ystod y tair blynedd yna ro'n i'n byw fel myfyrwraig annibynnol, yn cael mynd a dod fel y mynnwn a mwynhau cartre clyd, bwyd blasus a chwmni teulu oedd yn debycach i ffrindiau i mi. Roedd fy nghyfnod yn Llanisien yn un hapus dros ben.

Mae Rhian fel chwaer i mi. Roedden ni'n ddireidus yn blant a dwi wastad yn cofio crio pan oedden ni'n gorfod gadael ein gilydd ar ddiwedd gwyliau. Er ein bod ni'n gymeriadau gwahanol iawn, hyd heddiw rydan ni'n ffrindiau pennaf ac mi faswn i'n mynd i ben draw'r byd ac yn ôl iddi. Mae'n drist ei bod hi a'i gŵr Rich a'u plant gorjys Tomos ac Elis yn byw mor bell i ffwrdd, ond dwi'n gwybod y caf eu gweld nhw'n rheolaidd ac rydan ni'n dal i dreulio pob Dolig efo nhw.

Aled fy ngŵr

Capel Seilo, Llandudno, 15 Gorffennaf 2006

Pan ddeudodd y dyn hwnnw gwrddais i ag o mewn bwyty yn India y byddwn i'n priodi dyn â gwallt du o'r gorllewin (a minnau'n canlyn yn selog efo hogyn pryd golau o Portsmouth ar y pryd!), wnes i rioed feddwl y byddai'i broffwydoliaeth yn dod yn wir!

Cwrddais ag Aled (Davies) – hogyn pryd tywyll o Ffostrasol – ar y deunawfed o Fedi 1999 mewn lle hynod o ramantus, sef Clwb Ifor Bach yng Nghaerdydd. Ac un berthynas newydd ddod i ben yn f'achos i, ro'n i a'm ffrind yn barod am noson allan. Roedden ni newydd yfed llwncdestun i gadarnhau fy mwriad i fod yn sengl am o leia flwyddyn, ond dyma ddechrau siarad efo Aled, ac wel . . . dwi wedi'i weld o neu siarad efo fo bob dydd ers y diwrnod hwnnw!

Os oes y fath beth â *yin* a *yang* – dyna ydan ni'n dau: mi ydan ni'n wahanol iawn i'n gilydd o ran cymeriad, a dwi'n credu mai dyna pam mae'r berthynas yn gweithio. Mae Aled yn gadarn ac yn gyson; mae o'n ddibynadwy, yn brydlon ac yn bwyllog. Wedi dweud hynny, mae o hefyd yn ddigon parod i fentro ac yn berson bywiog. Dydi o ddim yn fyrbwyll nac yn anwadal chwaith. Mae o'n meddwl yn ddwfn ac mae'n berson sensitif ac emosiynol, a phreifat iawn.

Tad anhygoel

Rydw i, ar y llaw arall, yn un sy'n rhannu nheimladau'n rhwydd efo pobol – yn rhy rwydd ambell waith!

Bydd Aled yn mynd i'w 'ogof' yn aml gan ei fod angen tawelwch a llonydd i ystyried ei deimladau cyn y bydd yn barod i'w trafod. Mi fydda i'n treulio oriau efo ffrindiau, teulu ac unrhyw un arall wneith wrando, yn trin a thrafod materion y galon.

Dwi'n edmygu'r ffordd mae Aled yn ymdrin â phobol yn hyderus ond yn dawel, yn annwyl ac yn ddiffwdan. Mae'n hapus i fod ar y cyrion. Mae'n camu'n bwyllog i berthynas ag unrhyw un, ac yn dewis ei ffrindiau'n ofalus. Unwaith dach chi wedi cael eich derbyn fel ffrind gan Aled, mi fydd o'n ffrind triw a ffyddlon i chi am byth. Gan ei fod o'n unig blentyn, mae ei fêts fel brodyr iddo. Mae ganddo griw bychan o ffrindiau agos iawn sy'n golygu'r byd iddo. Mae'r bois coleg a bois Ffostrasol – Huw Gog, Tymbl, Ems, Fôni, Rhys, Peds, Leias, Shurmer, Elf, Chopper, Llangain, Ger, Daz, Daf Bach, Huw Ham, Gary Moc – yn bobol fydd yn ein bywydau ni am byth.

'Dan ni'n dau yn ffrindiau gorau, a does dim diwrnod yn mynd heibio heb ei fod o'n llwyddo i wneud i mi chwerthin yn uchel. Mae ganddo galon fawr, mae o'n garedig ac yn gariadus, ac yn fy nhrin i â charedigrwydd a gofal bob amser. Mae'n toddi fy nghalon wrth i mi ei weld o efo Hedd. Mae o'n dad ac yn ŵr sbesial iawn, a dwi'n lwcus fy mod wedi dod o hyd i'r fath gariad yn fy mywyd.

Ffostrasol

Mae llawer o bobol wedi mentro i bentre Ffostrasol (a meddwi yno!) yn ystod Gŵyl Werin y Cnapan. Dyma oedd fy nghysylltiad cynta innau efo'r pentre bach, ond erbyn hyn dwi'n teimlo mod i'n rhan o'r lle gan mod i wedi priodi 'crwt' o'r ardal.

Mae'n lle unigryw, yn llawn cymeriadau a phobol 'ffein', fel bydden nhw'n deud. Dyma'r tro cyntaf dwi wedi teimlo'n rhan o gymuned lle mae *pawb* yn nabod *pawb*, ac yn gwybod hanes ei gilydd hefyd! Roedd y cysyniad bod rhywun yn medru enwi pob person sy'n byw ym mhob tŷ wrth gerdded drwy'r pentre, a gwybod hanes eu teuluoedd nhw i gyd, yn beth estron i mi, a fagwyd ym mhentre poblog a Seisnigaidd Llandrillo-yn-Rhos.

Dwi'n rhyfeddu mor ddiwylliedig ac mor ddawnus ydi pobol yr ardal – cymerwch dad Aled, er enghraifft. Ar wahân i'r ffaith ei fod o'n berson annwyl a charedig, mae'n grefftwr ac wedi gweithio fel saer maen ar hyd ei oes, a'i dad a'i daid cyn hynny. Mae o hefyd yn fardd ac yn rhan o dîm Talwrn Ffostrasol – yn cyfansoddi limrigau amheus a chaneuon doniol yn bennaf.

Mae mam Aled, Gwen, yn fam ofalgar sy'n byw a bod yn y gegin ac yn cael pleser wrth fwydo a gweini a rhoi'n ddiamod i'w gwesteion. Mi fasech chi'n meddwl y bydden nhw'n gresynu bod 'na rhyw 'Gog' wedi cael gafael ar eu hunig fab a'i lusgo i fyw i bentre Rhostryfan yng Ngwynedd! Ond na, maen nhw wedi fy nghroesawu i i'r teulu fel merch iddyn nhw, a dwi'n gwybod y bydd Penrhiw yn gartre clyd, croesawgar i ni'n tri am weddill ein hoes.

Pinc, pinc a mwy o binc

Pan o'n i'n hogan fach doeddwn i ddim yn gwisgo llawer o ffrogiau pinc. Na, ro'n i'n dipyn o domboi! Ond yna, mewn dosbarth bale un diwrnod, dwi'n cofio gweld un o'r genod yn gwisgo twtw bach pinc. Waw! Petawn i wedi cael fy ffordd fy hun, mi faswn i wedi gwisgo twtw i ddringo coed!

Wrth i mi fynd yn hŷn, a chael dewis fy nillad fy hun, ro'n i'n meddwl – dyma fy 'amser' i, ac ar un cyfnod roedd eitha obsesiwn gen i am y lliw pinc. A phetaech chi'n galw acw, mi fasach chi'n gweld pethau bach pinc fel siapiau calon ym mhobman. Dwi'n licio pethau bach del o gwmpas y lle – mae'n rhoi pleser i mi. 'Pethau dibwrpas' mae Aled yn eu galw nhw!

Yn fy nhŷ cyntaf yng Nghaerdydd, mi wnes i beintio'r ystafell wely'n *shocking pink*. Roedd yr ystafell ymolchi a'r gegin yn binc hefyd! Dwi ddim wedi cael gwneud hynny yma yn Rhostryfan ond mae gen i rai *accessories* pinc yn y gegin, ac fe hoffwn i gael oergell fawr binc rywbryd yn y dyfodol.

Mae'n lliw sy'n cael ei gysylltu â rhamant, ac â phethau meddal. Mae'n lliw sy'n gwneud i mi wenu ac yn codi fy nghalon. Dydi Hedd ddim yn gwisgo pinc hyd yn hyn, ond mi wnaeth Aled, chwarae teg iddo fo, wisgo crafat pinc ar ddiwrnod ein priodas. Ac mae gen i freuddwyd y gwna i ei rhannu efo chi. Dwi isio byw mewn tŷ efo *shutters* pinc sydd â thyllau bach siâp calon ynddyn nhw. Ond dwi ddim yn meddwl fod Aled am weld y freuddwyd honno yn cael ei gwireddu!

Ffasiwn a fi

Hwyl a sbri mewn gwisg ffansi

Pan ges i'r gwahoddiad i gyflwyno'r gyfres *Cwpwrdd Dillad* ar S4C, ro'n i'n eitha pryderus. Do'n i erioed wedi ystyried fy hun yn berson arbennig o steilish. O'n, ro'n i'n licio dillad ond do'n i ddim wedi bod yn un oedd yn gwisgo'n arbennig o anturus nac yn gwisgo dillad drud! Ond wedi dechrau gweithio ar y gyfres, mi sylweddoles i'n syth mai cyfres am bobol oedd hi'n bennaf.

Mi ges i f'ysbrydoli i ymddiddori yn hanes ffasiwn wrth weithio ar bum cyfres i gyd o'r *Cwpwrdd Dillad*, a dod i sylweddoli pa mor agos yw'r berthynas rhwng ffasiwn a hanes cymdeithasol. Pan ddaw cyfnod o ddirwasgiad i ben mae ffasiwn yn blodeuo, ac fe gewch chi ddillad lliwgar, llawn gwamalrwydd.

Un elfen o'r gyfres ro'n i'n ei fwynhau yn arw oedd yr ochor sentimental, os liciwch chi, o gadw dillad. Roedd un ddynes wedi cadw dillad ei diweddar ŵr, ac roedd eu harogl yn rhoi cysur iddi. Ac ro'n innau'n meddwl am yr hen ddillad sgen i: ces bâr o fenig lledr lliw hufen gan Nain Sally, ac mi fydda i'n meddwl amdani pan fydda i'n eu cyffwrdd nhw. Dwi wedi difaru droeon na chadwes i fwy o bethau, fel ei hoff het hi a sbectol Taid.

Ro'n i wastad wedi mwynhau siopa am ddillad, ond pan dach chi'n dechrau gweithio fel cyflwynydd ym myd y cyfryngau, yna mae'r ymyrryd yn dechrau. Ac wrth i mi weithio ar fwy a mwy o gyfresi, mi ges i greisis steil go iawn! I raddau, mae'n rhaid i chi wisgo yn ôl y math o raglen dach chi'n ei chyflwyno, ond mae'n bwysig nad ydi'ch cymeriad chi'n mynd ar goll. Mi es i ar goll, droeon, gan fod gan bawb farn am be ddylwn i ac na ddylwn i ei wisgo – y steilydd, y cynhyrchydd, y cyfarwyddwr, y gynulleidfa. Pawb â'i chwaeth, pawb â'i farn. Help!

Erbyn hyn, dwi wedi sylweddoli bod y dillad ti'n eu gwisgo'n gallu effeithio ar dy berfformiad os nad wyt ti'n gwbwl gyfforddus ynddyn nhw. Dwi wedi magu'r hyder bellach i ddeud 'Na' os nad ydw i'n hapus i wisgo rhywbeth. Ers i mi gael babi, mae fy newis o ddillad, a sgidiau yn arbennig, yn fwy ymarferol o lawer. Dwi ddim bellach yn mynd i'r swyddfa bob dydd, felly does dim angen yr un math o ddillad arna i. Er fy mod yn gwisgo'n ymarferol ar hyn o bryd, y gwir ydi mod i wrth fy modd efo dillad eitha rhamantus, meddal, blodeuog, del: does gen i ddim i'w ddweud wrth *power dressing*.

Dwi'n edmygu'r rhai sy'n gwisgo mewn steil glasurol, yn ddiymdrech i bob golwg. Mi hoffwn innau fod yn fwy *groomed* nag ydw i. Ond dwi hefyd yn edmygu pobol sy'n gwisgo pethau 'off the wall'. Diolch i'w hyder, mae'n gweithio i'r dim.

Pan symudon ni o Gaerdydd i Rostryfan, roedd yn rhaid i mi gael gwared ar lwythi o ddillad gan nad oes gen i wardrob y gallwch gerdded i mewn iddi yma! Roedd o'n deimlad braf, a deud y gwir – therapiwtig iawn!

Mi ydw i'n hoffi gwisgo i fyny pan ga' i'r cyfle. Dwi'n hoffi'r achlysur a'r ddefod o baratoi ar gyfer noson arbennig. Yn y bôn, dwi'n meddwl mai gwisgo i siwtio'ch cymeriad sy'n bwysig, ac nid dilyn y ffasiwn yn slafaidd. Dwi'n gwybod nad ydi siwmperi gwddw polo yn fy siwtio i, ac felly fydda i ddim yn eu gwisgo nhw. Dwi'n edrych yn erchyll hefyd mewn topiau neu ffrogiau efo strapiau tenau. Dwi'n hapusach yn dangos fy nghoesau na mreichiau!

Ar gyfer fy mhriodas roedd rhan ohona i'n cael ei denu tuag at ffrog fer, ond ro'n i'n gwybod y basa Aled yn hapusach yn fy ngweld i'n gwisgo ffrog hir. Felly, mi es i am rywbeth eitha traddodiadol. Mi ges i ei haddasu ryw ychydig er mwyn medru gwisgo mwy o *bling* – ac ychydig o binc hefyd, wrth gwrs! Ar y diwrnod ei hun, ro'n i'n teimlo'n ffantastig, ac fe gawson ni ddiwrnod i'w gofio.

Enaid hoff gytûn, gan Aled ei gŵr

Y deunawfed o Fedi 1999 oedd y dyddiad y gweles i Nia am y tro cynta. Ro'n i newydd symud lawr i Gaerdydd fel myfyriwr ac ar fy noson mas gynta yn y ddinas. Ar ôl cwpla bant yng Nghlwb Ifor, dwi'n cofio ca'l fy nghyfareddu wrth weld y groten yma'n cerdded i fewn, a'r llygaid gleision mawr a'r wên fwya ffantastig weles i erio'd yn goleuo'r stafell! Nawr, o'n i'n gwbod bod hi ddim yn yr un gynghrair â fi a mod i'n paffio uwchben fy mhwyse yn llwyr, ond hei – o'dd dim 'da'r boi bach o Ffostrasol i golli, felly fages i ddigon o blwc i fynd lan i siarad 'da hi!

Mewn mater o eiliade o'n i wedi cwmpo dros 'y mhen a nghlustie amdani. Ond wrth i'r noson ddod i ben, a finne'n credu bo fi wedi chwalu nghyfle i rwydo'r pishyn 'ma, ges i gymaint o sioc pan afaelodd Nia'n dynn yn fy llaw i a'n nilyn i allan i ganol oerni Stryd Womanby y tu allan i'r clwb a hithau'n diwel y glaw hefyd. Mae'r gweddill, fel ma nhw'n gweud, yn hanes!

Mae dod o hyd i'ch cymar perffaith a'ch enaid hoff cytûn mewn un yn dipyn o gamp ond fe fwres i'r jacpot y noson honno. Ma 'na gymaint o bethau dwi'n ei garu am Nia, fel ei theyrngarwch, ei haelioni, ei diffuantrwydd a'i hymddiriedaeth mewn pobol. Dwi'n dal i ryfeddu hefyd at yr asbri rhyfeddol sydd ganddi tuag at fywyd a'r ffordd mae'n llenwi'i diwrnodau hyd yr ymylon. Dwi'n gallu gweld mai oddi wrth ei mam mae hi'n ca'l hwnnw – ma'r ddwy'n gwneud popeth gan milltir yr awr!

Er bo ni'n wahanol mewn nifer o ffyrdd, eto i gyd ŷn ni bob amser ar yr un donfedd ac yn gwerthfawrogi 'run pethe mewn bywyd. Ni'n ca'l sbort ac yn chwerthin llawer 'da'n gilydd, achos ar ddiwedd y dydd nid yn unig mae hi'n wraig i mi ond hi odi'n ffrind gore fi hefyd. Do, fe wireddwyd ein holl freuddwydion pan ddaeth Hedd bach i'r byd, ac mae'r egni a'r cariad mae hi'n rhoi fewn i'w fagu e'n gwbl anhygoel.

Bydden i'n hapus iawn i'w chadw hi i gyd i fi fy hunan ond dwi'n derbyn bod raid i fi rannu hi gyda gweddill y byd ambell waith! Does dim yn gwneud fi'n hapusach na chael bod adre gyda hi a Hedd – tangnefedd llwyr.

Diolch am ddod i 'mywyd i, Nia! ××

Gwenwch!

Mae seicolegwyr wedi profi bod gorfodi'ch hun i wenu yn codi ysbryd rhywun. Maen nhw wedi darganfod bod gwenu'n gwella'r system imiwnedd ac yn lleihau'r straen ar bobol gan fod y corff yn rhyddhau endorffins sy'n gwneud i chi deimlo'n grêt y munud dach chi'n gwenu. Maen nhw wedi profi hefyd ei fod yn cymryd mwy o ymdrech i wgu nag ydi hi i wenu.

Yn y bôn, mae gwenu'n dda ichi; mae'n codi'r galon, ac yn gwneud i chi ac eraill deimlo'n well.

Felly, gwenwch!

Ffydd

Mae fy mherthynas i efo Duw yn un gymhleth. Yn blentyn, roedd dysgu adnod yn rhoi diléit i fi a chlywed storïau difyr o'r Beibl yn rhoi pleser. Roedd bwyta petha da efo Taid Bob yn y sêt fawr a chlywed llais rhythmig y pregethwr yn mynd trwy'i bethau yn gysur cyfarwydd. Yn fwy diweddar, mi briodais i yng ngŵydd Duw mewn capel. Cefais fy ysbrydoli gan bregethau gwefreiddiol y Parch. Owain Llŷr Evans ym Minny Street, Caerdydd. Wrth glywed Taid yn sôn am Dduw ac Iesu, ac yn adrodd darnau mawr o'r Beibl dan ei wynt wrth sychu llestri, wnes i byth feddwl 'swn i'n cwestiynu bodolaeth y Bod Mawr o gwbl.

Dwi ddim yn dweud mod i wedi colli fy ffydd, dim ond mod i mewn rhyw ferddwr llugoer, disymud ar hyn o bryd. Dwi'n credu bod 'na rywbeth sy'n fwy o lawer na ni, fodau dynol – rhyw nerth, rhyw egni, rhywbeth y tu hwnt i'r cig a gwaed a'r cnawd. Dwi'n credu yn yr ysbryd, a bod rhywbeth yn para wedi i ni farw. Dwi'n credu hefyd mewn grym gweddi.

Ond dwi *ddim* yn credu bod angen i ni fod yn grefyddol er mwyn deall beth ydi daioni, er mwyn bod yn berson da, caredig, cariadus. Dwi ddim yn credu chwaith mai Cristnogaeth sy'n iawn a bod pob crefydd arall yn anghywir. Dwi ddim yn credu mewn uffern, na'n bod ni i gyd yn bechaduriaid, a dwi ddim yn credu bod angen mynd i adeilad sefydliadol i addoli bob wythnos. Wedi dweud hynny, dwi'n derbyn bod rhywbeth braf am gydaddoli a bod yn rhan o gymuned, a dwi'n llawn sylweddoli bod Cristnogaeth ynghlwm â'n diwylliant a'n hanes fel cenedl.

Mae Nain Madge yn mynd i'r eglwys *spiritualist* bob wythnos yn y gobaith y caiff hi siarad efo rhywun y mae hi'n ei garu ond sydd bellach wedi'i gadael. Dyna'r tristwch sy'n dod law yn llaw â byw hyd nes eich bod yn naw deg oed. Dwi'n edmygu gwytnwch Nain, y ffordd mae hi'n goroesi ar ôl diodde'r poen o golli dau ŵr, mab (Yncl Bil), ac ŵyr (fy nghefnder annwyl Rich, a fu farw mewn damwain car ac yntau'n ddim ond hogyn ifanc). Anghofia i byth ei geiriau doeth hi: 'Dydi Duw byth yn rhoi baich ichi heb eich helpu i'w gario.'

Dwi'n cyfaddef, mae arna i ofn wrth feddwl am fynd yn hen, am wynebu'r diwedd – neu, yn waeth byth, wynebu diwedd bywyd y bobol sy'n agos ata i. Y peth da am ffydd Nain ydi ei bod hi'n llwyr gredu y bydd hi'n gallu gweld o'r nefoedd be sy'n dod ohonon ni i gyd, ac, yn ei geiriau hi, y bydd 'na 'andros o *welcoming party*' yn disgwyl amdani pan gyrhaeddith hi yno!

Weithiau mi fydda i'n meddwl mor braf fyddai bod â'r fath ffydd. Ella na faswn i'n ofni mynd yn hen wedyn; ella na faswn i ddim yn ofni gadael Hedd.

Nia, gan Dylan y 'brawd bach'

Pan dwi'n meddwl am fy chwaer Nia, y peth cyntaf sy'n dod i'm meddwl ydi'i gwên hi! Llond ceg o ddannedd a llygaid disglair sydd yn gwneud i chi wenu efo hi.

Mi oedd Nia a finnau'n wahanol iawn i'n gilydd pan oeddan ni'n blant. Tra o'n i y tu allan yn chwarae pêl-droed, roedd hi y tu mewn yn cymdeithasu efo Mam a Dad, neu'n gweithio'n galed efo'i llyfrau ysgol yn ei hystafell. Roedd hi wastad yn edrych ar f'ôl i. Do'n i ddim yn ffan o ginio-dydd-Sul Mam fel plentyn, a phan oedd Mam yn deud bod yn rhaid i mi aros wrth y bwrdd i orffen fy llysia, byddai Nia'n dod heibio bob deg munud ac yn cymryd tatan neu ddarn o *cauliflower*, neu mi faswn i wedi bod yno am oria!

Ond adeg Dolig, roedd hi'n arfer byta'r siocled oedd y tu ôl i ffenestri fy nghalendr Adfent i, heb fy nghaniatâd. Un flwyddyn, aeth hi mor bell â byta pob un ohonyn nhw ar y cyntaf o Ragfyr, a gadael nodyn y tu ôl i bob un o'r ffenestri yn deud petha fel, 'Mmm', 'Roedd hwnna'n neis', a 'Diolch, Dyl!'

Mae teulu wedi bod yn rhan bwysig o fywyd Nia erioed, ac mae ei gweld hi ac Aled ei gŵr yn magu eu plentyn eu hunain yn rhywbeth neis i fod yn rhan ohono. Does dim byd yn ormod o drafferth iddi, ac mae'r cariad mae hi'n ei ddangos tuag at Hedd yn werth ei weld. Dwi'n gweld llawer o *traits* Mam ynddi hi, yn y ffordd mae hi'n edrych ar ôl ei theulu ei hun, yn llawn egni diddiwedd, ac yn barod i helpu unrhyw adeg, dim ots be.

Mae Nia'n rhywun sy'n edrych ar f'ôl i, yn barod i wrando ar fy mhroblemau, ac mi wnâi hi unrhyw beth i wneud fy mywyd yn well. Ffeind, amyneddgar, llawn cariad – dyna Nia, fy chwaer fawr.

'Tyd yma, siwgwr lwmp!'

Blas ar deithio

Asado yn y Wladfa – a finna'n llysieuwraig!

Ar daith ar y paith (Aled Sam wrth y llyw)

Yn hogan fach, adra ar fy mhatsh fy hun y byddwn i hapusa. Roedd yn well gen i i ffrindiau ddod draw i'n tŷ ni i chwarae nag i mi fynd draw atyn nhw. Adra oedd y lle saff i mi; adra oedd lle o'n i isio bod. Er bod gen i ddiddordeb yn y ffordd roedd pobol eraill yn byw, a hyd yn oed wedi ystyried astudio anthropoleg yn y coleg, do'n i erioed wedi meddwl y byddai teithio'r byd yn rhywbeth y byddai'n 'rhaid' i mi ei wneud, yn ysfa fydda raid i mi ei bodloni. Ond rywsut, ar ôl camu allan o'r man diogel – adra – a chwrdd â Dina o Bahrain, Jody o'r Unol Daleithiau a Stavros o wlad Groeg, mi wnes i sylweddoli am y tro cynta fod y byd yn lle mawr a chyffrous ac y bydda raid i mi fynd i weld ychydig arno.

Rŵan, dwi'n dallt yn iawn ei bod hi'n medru bod yn ddiflas clywed hanesion teithio pobol eraill, felly dim ond rhai uchafbwyntiau gewch chi gen i!

Patagonia 1993, 2003 a 2006

Yn ddeunaw oed, mi benderfynais mod i isio mynd i Batagonia am ddeufis ar fy mhen fy hun. Y diwrnod cyn i mi hedfan mi eisteddodd Dad wrth fwrdd y gegin efo fi a deud wrtha i mod i jyst y math o berson y byddai cwlt yn ceisio'i rhwydo! Rhoddodd araith fer i mi am beryglon y byd, a'r ffaith y byddwn ryw ddydd yn sylweddoli bod 'pobol ddrwg' i'w cael allan yna. Aeth ei eiriau i mewn drwy un glust ac allan drwy'r llall wrth i mi edrych ymlaen at fy antur gyffrous – dim ond fi, bag ar fy nghefn a thocyn yn fy llaw.

Yn rhy fuan o lawer, mi brofais y gwirionedd hyll. Wrth i mi gysgu ganol nos ar y daith fws faith o Buenos Aires i lawr i Chubut, dyma ddeffro i sylweddoli bod gyrrwr-wrth-gefn y bws yn eistedd wrth fy ochr, yn fy nghyffwrdd mewn ffordd ac mewn lle cwbl amhriodol. Dyna pryd y dysgais sut i fod yn awdurdodol, yn galed ac yn gryf i rwystro pobol rhag cymryd mantais.

Beth bynnag, roedd gweddill y daith yn gwbl wych a'r croeso ges i gan drigolion y Gaiman yn fythgofiadwy. Ces y fraint o aros efo'r ddwy chwaer Luned Gonzalez a Tegai – hoelion wyth y gymdeithas yn y Gaiman – a gofalu am dair wyres Luned, sef Axa Mair, Tirsa Elen a Luned Nieve.

Pwy feddyliai y byddwn i'n cael y cyfle i fynd 'nôl ddwywaith wedyn i Batagonia i weithio – unwaith i ffilmio *Welsh in a Week* ac unwaith i ffilmio *Cwpwrdd Dillad*, *04 Wal* a'r *Tŷ Cymreig*. Roedd y croeso gawson ni yno'n rhyfeddol, y tu hwnt i bob disgwyl.

India 1996

Mi fydd unrhyw un sydd wedi bod yn India yn gallu deud wrthoch chi ei fod yn lle sy'n eich hudo ac yn eich aflonyddu, yn eich cyfareddu a'ch drysu. Does dim all eich paratoi ar gyfer y sioc o weld strydoedd dinas Delhi. Er mai ugain oed oeddwn i ar y pryd, ac ar fy mhen fy hun, dwi'n credu hyd yn oed taswn i'n glanio yno rŵan y basa fo'n dal yn sioc i'r system.

Am y tri mis o'n i yno, mi ges i *gymaint* o brofiadau anhygoel a diddorol: lliwiau ac arogleuon y farchnad, anifeiliaid yn crwydro'r strydoedd, bwyd blasus, teithiau trên di-ri, tlodi a chyfoeth, cardota, traffig rhyfeddol, teithio mewn *rickshaws*; cyrff yn llosgi ar y *burning ghats* yn Varanasi, mwnci yn dwyn fy nghamera, caeau padi, anrhefn, *baksheesh* (rhywbeth rhwng tip a breib), ymweld â'r Taj Mahal yn fy mhyjamas, clybio ym Mumbai efo criw o Indiaid ifanc hyfryd, perchennog hostel yn torri i mewn i'n stafell berfedd nos heb drowsus(!) a ninnau'n gorfod ymladd efo fo i'w gicio allan cyn pacio'n pethau a gadael am dri o'r gloch y bore, cysgu ar lawr tŷ bach mewn gorsaf drenau, deffro â llygoden fawr ar fy sach gysgu, bod yn styc ar y trên yng ngorsaf Lucknow am naw awr heb symud, *Delhi belly* a chwdu. O ia, ar ben hyn i gyd, mi ges i sioc drydanol yn y gawod.

Felly, mi gofia i India am nifer fawr o resymau. Rhai da, rhai doniol a rhai mwy sinistr!

Tair twrist ger y Taj!

Israel 1996

Helpu i neud falafel

Smalio bod yn Demi Moore!

Roedd Israel wastad yn rhywle ro'n i isio mynd iddo, wedi'r holl drin a thrafod ffydd efo Taid Bob. Rywsut, ro'n i'n gobeithio y byddwn i'n cyrraedd Jerwsalem a'r cyfan yn dod yn glir, a finnau â ffydd gref mwya sydyn. Ddigwyddodd hynny ddim, naddo, ond mi ges i chwe wythnos gwbl gofiadwy yno.

Fues i'n gweithio ar *moshav* (sy'n debyg i *kibbutz*) yng nghanol anialwch y Negev, ac yn codi am chwech bob bore i fynd i bigo pupurau a'u rhoi yn eu trefn mewn bocsys tan naw o'r gloch y nos. Ro'n i i fod yno am dri mis ond, ar ôl pythefnos, codais fy mhac a cherdded at y brif lôn ac aros. Pan ddaw 'na gar, meddyliais, mi wna i sticio mawd allan a gofyn am lifft i ba bynnag gyfeiriad mae'n mynd iddo. Stopiodd cwpwl ifanc oedd ar eu ffordd i Eilat, reit ym mhegwn deheuol Israel, ac i fanno yr es innau hefyd.

Yn ystod yr wythnosau nesaf, ces nofio neu arnofio yn y Môr Marw, aros efo dau deulu o Israeliaid, cerdded strydoedd Jerwsalem, a bwyta *falafel* fel 'tai o'n mynd allan o ffasiwn. Profiad llai pleserus oedd cael rhywun yn saethu at ein tacsi wrth i ni deithio drwy lain Gaza. Ac roedd ymweld â'r eglwys yn y fan lle cafodd Iesu Grist ei eni yn afiach – roedd llawer gormod o bobol yn gwneud arian a sŵn gynnau'n tanio o nghwmpas. Ond roedd dringo mynydd Sinai yn y tywyllwch a gwylio'r haul yn codi o ben y mynydd mewn sach gysgu yn brofiad gwefreiddiol.

O fanno mi es i'r Aifft ac i Nepal . . .

Twrci 1997

Damwain lwyr a chanlyniad byw'n wamal a di-hid wrth deithio trwy Israel a'r Aifft oedd rhedeg allan o arian yn Istanbul ym mis Ionawr 1996! Felly, a ninnau â dim ond $20 ar ôl ac yn gorfod gwersylla ar domen sbwriel y tu allan i'r ddinas, roedd pethau'n edrych yn ddu o ran talu'r ffordd adra heb i mi lyncu malchder a ffonio Mam a Dad.

Mewn caffi, dechreues siarad efo gŵr canol oed oedd wrthi'n dysgu Saesneg, ac yn fuan iawn cytunwyd y byddwn i'n treulio amser efo fo'n ymarfer ei Saesneg yn gyfnewid am fag o fwyd dyddiol o'r caffi. Roedd o'n ddyn annwyl, tawel, tadol, ac mi es efo fo i'w ysgol nos i gyfarfod ei gyd-ddisgyblion.

Yn y fan a'r lle ces gynnig swydd fel tiwtor Saesneg yn yr ysgol – Ysgol Gökdil yn Istanbul – ac yn fanno y gwnes i'r penderfyniad mai tiwtor iaith o'n i am fod.

Roedd y profiad o sefyll o flaen dosbarth am y tro cyntaf yn wirioneddol wefreiddiol. Ro'n i wrth fy modd, ac yno y bues i'n dysgu am bron i wyth mis cyn ennill tocyn am ddim i deithio ar fws *hop-on, hop-off* o gwmpas Twrci am fis. Gwych!

Fedra i ddim meddwl am Dwrci heb wenu ac mae'n drueni nad oes modd rhannu rhagor o atgofion efo chi yn y llyfr yma. Mi ges gyfnod anodd yno hefyd, gan i mi a nghariad ers pedair blynedd wahanu tra o'n i yno. Bu'n rhaid i mi ddod o hyd i rywle i fyw fy hun, teithio 'nôl a blaen yn gyson i adnewyddu fy fisa i Fwlgaria a gwlad Groeg, a chael fy haslo cryn dipyn yno hefyd.

Ond rywsut, pan mae rhywun yn edrych yn ôl ar brofiad, dim ond y pethau da mae rhywun yn eu cofio'n aml. Ac ro'n i'n *mutlu* dros ben yn Nhwrci – yn hapus, hapus iawn.

Bangladesh 2004

Mae'r profiad o deithio i wlad dramor i weithio – i ffilmio, yn f'achos i – yn brofiad cwbl wahanol i fynd ar wyliau i'r wlad. A deud y gwir, mae'n brofiad llawer, llawer gwell. Dach chi'n teimlo rywsut eich bod chi'n cael gwell profiad a darlun o'r wlad, a hynny mae'n debyg am eich bod yn cwrdd â llawer iawn mwy o'r trigolion ac yn cael y fraint o gael eich gwahodd i mewn i'w bywydau am gyfnod.

Enghraifft wych o hyn yw'r profiad ges i ym Mangladesh. Do, mi ges flas ar hanes ac atyniadau twristaidd, ond heb os y profiad arhosith yn fy nghof am byth, y profiad wnaeth fy siglo a'm swyno, oedd ymweld ag ysgol fechan ym mhentre bach Bibir Bazar.

I roi ychydig o'r cefndir i chi: tra o'n i'n dysgu Cymraeg i oedolion ym Mhrifysgol Caerdydd, mi ddois ar draws dyn arbennig iawn yno – Siragul Islam. Daw Islam yn wreiddiol o Fangladesh ond bellach mae'n ei ystyried ei hun yn Gymro i'r carn ac yn gwbl rugl yn y Gymraeg. Ers blynyddoedd maith mae Islam wedi bod yn anfon pres adre i'w nith Loona a'i chwaer Saia er mwyn ariannu ysgol bentre Bibir Bazar. Mae plant y pentre'n

ysu am gael mynd yno. Doedd Islam erioed wedi gweld yr ysgol, felly mi ges i'r fraint o fod yn gydymaith iddo ar ei daith ar gyfer y rhaglen *'Nôl i Fangladesh*.

Wrth i ni gamu i mewn i iard yr ysgol, roedd y plant yn eu gwisgoedd coch, gwyrdd a gwyn, yn canu 'Yma o Hyd' ac yn gweiddi 'Croeso, Nia!' Am dridiau, ces fod efo nhw'n sgwrsio, yn canu, yn bwyta, yn eu gwylio'n cael gwersi, yn dawnsio ac yn chwarae. Roedd o'n brofiad cwbl, cwbl arbennig ac yn un nad anghofia i byth mohono. Roedd o'n agoriad llygad i mi, a'r hyn oedd yn fy rhyfeddu fwya oedd bod y bobol yma oedd â phrin ddim byd materol yn eu bywydau yn hapusach o lawer na ni yn y Gorllewin.

Islam a fi

Dwi'n meddwl yn amal am blant bach Bibir Bazar ac, erbyn hyn, mae 'na ferch fach yno wedi'i henwi'n 'Nia', sef merch Loona. A finnau bellach yn fam, dwi'n sylweddoli bod plant yr un fath ym mhobman, dim ots o ble rydych chi'n dod, na pha mor gyfoethog ydach chi'n faterol.

Dwi'n sylweddoli pa mor lwcus ydw i fy mod wedi cael teithio i weld ychydig ar y byd – a dwi heb sôn am Venezuela (mis mêl hwyr), Barbados, Thailand, Brasil, Sbaen, Ffrainc, ynysoedd Groeg, yr Eidal, y Swistir, Awstria a Thiwnisia! Dwi'n gobeithio hefyd fod gen i flynyddoedd maith ar ôl i gael gweld chydig mwy eto ar y byd cyffrous 'ma.

Dod o hyd i'r tawelwch llonydd

Anfon ebyst, smwddio, gwneud galwadau ffôn, darllen llyfrau, glanhau ffenestri, trefnu ffilmio, rhoi trefn ar syniadau rhaglenni, hongian lluniau, paratoi swper, cwblhau traethawd, siopa bwyd, golchi dillad, sgwennu llythyrau, paratoi anfonebau, ffonio ffrindiau . . . Help! Mi wnes i ddarganfod myfyrio (*meditation*) ar adeg yn fy mywyd pan oedd gwir angen cymorth arna i i ddiffodd y cyfrifiadur yn fy mhen oedd yn neidio o un peth i'r llall.

Mor braf ydi gwybod fy mod i, am y tro cyntaf yn fy mywyd, ers darganfod myfyrio, yn medru pwyso'r botwm *pause*. Darganfod saib, darganfod y tawelwch llonydd yna, medru diffodd y cyfan am gyfnod a gwagio'r meddwl.

Bodoli yn y funud, heb fod yn ymwybodol bron, ac eto, teimlo'n fwy ymwybodol nag erioed. Gweld pethau'n gliriach a deall pethau'n well. Wrth gwrs, dydi pob sesiwn fyfyrio ddim yn dod â'r gweledigaethau gwefreiddiol hyn. Ambell waith, mae rhywun yn brwydro yn erbyn y 'cyfrifiadur'. Dro arall, mae'n agor clwyfau ac, ar adegau, does unman yn fwy unig na'r tawelwch llonydd. Wedi dweud hynny, mae lles yn y llonyddwch. Erbyn hyn, allwn i ddim bodoli heb wybod bod y drws yma ar gael i mi ei agor a gallu llonyddu am funud, er ei bod weithiau'n anodd datgloi'r drws hwnnw.

Dysgu Cymraeg

Do'n i ddim mymryn o eisiau gwneud ymarfer dysgu ar ôl gorffen fy nghwrs gradd. 'Swn i'n deud mai dyna wnaeth y rhan fwya o bobol ro'n i'n eu nabod ar ôl graddio ym Mhrifysgol Abertawe. Ro'n i eisiau mynd i weld y byd ac, fel y gwelsoch chi, dyna wnes i, ac ymhen blwyddyn cael y swydd dysgu Saesneg honno yn Istanbul.

Ond dydi'r iaith Saesneg ddim yn bwysig iawn i mi nac yn agos at fy nghalon. Dwi ddim yn teimlo'n angerddol amdani a dydi'r Saesneg ddim mewn perygl o ddiflannu. Roedd dysgu Cymraeg, ar y llaw arall, yn agos iawn, iawn at fy nghalon ac ro'n i wedi ffeindio cenhadaeth, pwrpas ac achos. Roedd yn rhaid i mi ddod 'nôl adra a dysgu Cymraeg i bobol!

Dechreuais astudio MPhil (a newidiwyd yn ddiweddarach i PhD) ym Mhrifysgol Caerdydd efo'r Dr Colin Williams, oedd yn fentor gwych, a chael swydd ran-amser hefyd yn dysgu Cymraeg i oedolion yn y coleg. Dechreuais ddarllen yn eang am ddulliau dysgu ail iaith a sut mae'r cof yn prosesu gwybodaeth, ac am y ffyrdd mwyaf effeithiol o drosglwyddo iaith. Dyma pryd y gwnes i ddarganfod Dadawgrymeg (*Desuggestopedia*) – y dull o ddysgu a grëwyd gan seicolegydd o'r enw Dr Georgi Lozanov o Fwlgaria yn y saithdegau.

Mae'r dull wedi'i seilio ar wyddoniaeth a thystiolaeth ynglŷn â sut mae'r ymennydd yn derbyn ac yn prosesu gwybodaeth. Mae dysgwyr yn dysgu'r iaith yn ddiarwybod, bron. Dydyn nhw ddim yn ei dysgu fel parot ac yn cael eu trwytho yn amser y ferf ac ati; defnyddir testun storïol fel sail i'r dysgu. Mae'r oedolion felly'n ei dysgu mewn ffordd sy'n debycach i sut mae plentyn yn dysgu iaith – yn naturiol ac yn ddiymdrech, a thrwy apelio at yr isymwybod. Defnyddir gêmau a phosau a gweithgareddau i apelio at yr holl synhwyrau (fel mewn dosbarthiadau iaith arferol), ond hefyd cynhelir cyngherddau lle defnyddir cerddoriaeth glasurol a baróc. Mae'n ddull sy'n rhoi i'r dysgwr hunaniaeth newydd.

Pawb at y peth y bo ond, yn fy marn i, mae Dadawgrymeg yn ddull cyffrous iawn o ddysgu – *ac* mae'n gweithio!

Mae Dr Lozanov wedi bod yn ddylanwad mawr ar fy mywyd i. Yn ddyn deallus, doniol a diymhongar, mi ges i'r cyfle i fynd ar ddau gwrs o dan ei arweiniad, un yn Ninbych am bum niwrnod ac un yn Fienna, eto am bum niwrnod. Mae'n ddyn sydd wedi newid dysgu ail iaith ar draws y byd.

Mae maes dysgu Cymraeg i oedolion yn parhau i fod yn agos iawn at fy nghalon. Mae 'na ddegau o athrawon ymroddedig sy'n gweithio'n galed i drosglwyddo'r Gymraeg i'w disgyblion. Dwi'n eu hedmygu nhw'n fawr, ac yn fwy na dim yn edmygu'r cannoedd sy'n mynd ati bob blwyddyn i fynychu dosbarthiadau a meistroli'r iaith. Hebddyn nhw, y dysgwyr diflino, byddai Cymru'n dlotach o lawer.

Mae gen i freuddwyd . . . bod y Cynulliad yn buddsoddi arian mawr i alluogi *pawb* sy'n awyddus i fynd ar gyrsiau dwys *am ddim* i ddysgu Cymraeg – pris bychan i'w dalu i sicrhau dyfodol i'r iaith Gymraeg.

Y byd teledu

Y cyflwynydd Llinos Lee a fi

Does 'na ddim swydd well yn y byd, a dwi'n ystyried fy hun yn lwcus iawn i gael gweithio fel cyflwynydd ar S4C. Pam? Achos bod 'na gymaint o amrywiaeth, a bod rhywun yn cael y cyfle i gyfarfod â phobol newydd a diddorol, a thrwy hynny ddysgu llawer amdanoch eich hun hefyd.

Mae'r gwaith wedi mynd â fi ar hyd a lled Cymru, a rhoi'r cyfle imi weithio efo llawer iawn o bobol dalentog a hyfryd. A dwi'n dal i gael chwistrelliad o adrenalin a philipalas yn fy stumog ar ddechrau diwrnod gwaith!

Pan ddechreues i weithio ar raglenni, ro'n i ar secondiad o'm swydd fel tiwtor yn y brifysgol. Wrth ddod yn diwtor/gyflwynydd ar y gyfres *Welsh in a Week*, er mod i'r tu allan i'm *comfort zone*, ro'n i hefyd mewn lle diogel o ran yr elfen o ddysgu oedd yn rhan o'r gyfres, ac roedd hi'n ffordd ddelfrydol i mi ddechrau fel cyflwynydd. Roedd yr wythnos gyntaf yn gweithio ar y gyfres yn hollol ffantastig. Ro'n i'n dysgu Cymraeg i ddau foi ifanc – Chris o Ganada a Lee o'r Cymoedd, a'r her iddyn nhw oedd dysgu digon o'r iaith i'w galluogi i weithio y tu ôl i'r bar yn hostel y Cardiff Backpacker.

Yn Nant Gwrtheyrn efo'r selèbs

Mi wnes i fwynhau pob munud! Wrth ffilmio cyfresi eraill o *Welsh in a Week*, penderfynais adael y brifysgol er mwyn canolbwyntio ar yrfa deledu. Fe wnaed pum cyfres o *Welsh in a Week* i gyd, ac ro'n innau'n dechrau dysgu am yr ochor gynhyrchu i'r diwydiant.

Tua 2003 y ces i'r syniad am y gyfres *cariad@iaith*, gan feddwl y byddai dysgu Cymraeg mewn sefyllfa breswyl (Canolfan Iaith Nant Gwrtheyrn) yn gwneud teledu da. Roedd honno'n llwyddiant, ac fe wnaethon ni gyfres yn 2004 efo criw o selèbs hefyd – oedd yn brofiad a hanner!

Ro'n i'n gweithio'n galed iawn ar *cariad@iaith*. Fy nghyd-diwtor oedd Ioan Talfryn, meistr ar y dull dysgu Dadawgrymeg ac fe fu Ioan yn gefn mawr i mi. Roedden ni'n gwneud gwahanol weithgareddau efo'r dysgwyr ac yn cyflwyno'r rhaglenni.

Yn y gyfres efo'r selèbs, yn ogystal â'r dysgu a'r rhaglen fyw bob nos, roedd yn rhaid i mi ddelio â phersonoliaeth andros o gryf yn Janet Street Porter! Y selèbs eraill, haws eu trin, oedd Tanni Grey-Thompson, Amy Wadge, Ruth Madoc, Jamie o'r grŵp One True Voice, Bernie Latham a Steve Strange.

Pan gyflwynes fy hun i Janet am y tro cyntaf, edrychodd arna i a dweud, 'Oh bloody hell, are you going to smile like that all the time?' Mi dyfes i i fyny gymaint wrth weithio ar y gyfres honno. Roedd yn rhaid bod yn aeddfed i sefyll i fyny i Janet a thaclo'i hagwedd negyddol. Ces fwy o barch ganddi wedi hynny, er ei bod yn dal i fynnu fy ngalw'n 'the blonde one'!

Dim ond wythnos oedden ni efo'r selèbs yn Nant Gwrtheyrn ond yn y gyfres *cariad@iaith* arferol, roedden ni'n treulio cyfnod o wyth wythnos yn y Nant. Rydach chi'n creu perthynas gyda'r dysgwyr yn y cyfnod hwnnw ac roedd hi'n wych eu gweld nhw'n dysgu Cymraeg, a gwybod y byddai hynny fwy na thebyg yn newid eu bywydau.

Pan ddaeth y rhaglenni i ddysgwyr i ben ar S4C, mi ges i gynnig gwaith fel cyflwynydd ar y gyfres *Cwpwrdd Dillad*.

Dysgu iaith y nefoedd i enillydd Mastermind a Who Wants To Be a Millionaire, David Edwards

Dyma'r tro cyntaf i mi weithio fel cyflwynydd heb yr elfen addysgol. Ers hynny, mae fy ngyrfa wedi datblygu a dwi wedi mwynhau pob cyfle dwi wedi'i gael yn cyflwyno rhaglenni fel *Noson Lawen*, y Sioe Amaethyddol, *o ond 1*, *Wedi 7*, *Dathlu* a *Doctor Doctor*.

Dwi hefyd wedi cael cyfleoedd i gynhyrchu rhaglenni. Dwi wir yn mwynhau gweithio fel cynhyrchydd, yn arbennig cynhyrchydd rhaglenni dogfen. Dwi'n ystyried y cyfrifoldeb o adrodd hanes rhywun yn fraint. Dach chi'n meithrin perthynas waith glòs efo nhw, yn dod i'w nabod nhw'n dda ac yn camu i'w byd am gyfnod. Wrth adrodd stori pobol mae'n rhaid bod yn driw iddyn nhw, er bod raid gofyn y cwestiynau anodd weithiau hefyd.

Dach chi hefyd yn ymgolli mewn pwnc wrth wneud rhaglen ddogfen. Roedd *Blodyn Haul* yn dilyn y gyflwynwraig a'r eicon ffasiwn Heulwen Haf wrth iddi dderbyn triniaeth am ganser y fron. Roedd gweld ei nerth a'i hegni a'r agwedd bositif oedd ganddi wrth wynebu'r canser a'r driniaeth yn rhyfeddol, a daethom yn agos iawn gan fy mod i efo hi yn yr ysbyty bob cam o'r ffordd, o'r ymgynghoriad cyntaf hyd at y llawdriniaeth mastectomi. Yna, yn y rhaglen *Bwrw Bol*, agorodd Betsan Rees ei chalon a chaniatáu i ni fod yn bresennol yn nifer o'r sesiynau efo'i seicolegydd clinigol wrth iddi ddod i dermau â'r galar o golli'i thad a'i brawd, a throi at fwyd am gysur.

Wil Bing, fi a'r Harley gwyn

Yng nghwmni Heather Jones

Tyrchu trwy gwpwrdd dillad Emily Tucker

Gwenda Griffith, fy mentor teledu

O ond 2! Morgan Jones, fy mêt, a fi

Ces flas ar gyffro'r byd ffasiwn wrth ffilmio *Y Cymro a'r Catwalk*, ac aros ar ein traed drwy'r nos yn ffilmio'r paratoi at gyflwyno sioe yn Sioe Ffasiwn Llundain. Wedyn, daeth yr amser i mi ddod i ddeall mwy am fod yn rhan o glwb hogia'r moto-beics wrth ffilmio *Y Bleiddiaid*, a fydda i byth yr un fath ar ôl bod ar gefn Harley gwyn Wil Bing!

Does yr un diwrnod yr un fath yn fy ngwaith i. Fel rhywun sy'n gweithio ar fy liwt fy hun, na, does dim sicrwydd o waith, ond does dim rhigolau chwaith – dim rwtîn, dim syrffed o wybod mod i'n mynd i'r un lle i weithio efo'r un bobol i wneud yr un peth bob dydd o'r flwyddyn.

Ond y gwir ydi na fyddwn i wedi cyrraedd y man hwn yn fy ngyrfa deledu pe bawn i heb gyfarfod â Gwenda Griffith, rheolwr gyfarwyddwr cwmni Fflic. Anghofia i byth gamu i mewn am y tro cynta i swyddfa chwaethus Gwenda mewn adeilad crand yn y Bae – roedd hi mor steilish a phopeth yn ei le. Y gwir oedd, roedd ofn Gwenda arna i ar y dechrau, ac ro'n i'n teimlo bod raid i mi greu *persona* mwy diddorol – mwy steilish! – nag o'n i er mwyn bod â siawns o gael y swydd fel tiwtor ar *Welsh in a Week*. Buan iawn y sylweddolais i nad *persona* roedd Gwenda isio ond yn hytrach 'i fi fod yn fi' – hawdd, yndê?! Mae hi'n rhedeg *tight ship* – popeth yn ei le, a phawb yn gorfod paratoi'n drylwyr ac anelu at berffeithrwydd. Mae'r wyth mlynedd o hyfforddiant ges i ganddi wedi talu ar ei ganfed ym mhob agwedd o mywyd.

Dwi hefyd wedi cael fy nylanwadu a f'ysbrydoli gan gyd-gyflwynwyr a chynhyrchwyr gwych sydd bellach yn ffrindiau, a rhestr o gyfarwyddwyr sy'n rhy niferus i mi ddechrau eu henwi (dach chi'n gwybod pwy ydach chi!), heb sôn wrth gwrs am y criwiau technegol – y bois camera a sain gweithgar a thalentog sy'n artistiaid yn eu meysydd.

Ffrindiau

Ffrindiau Caerdydd yn fy mhriodas

Dwi'n berson sy'n gwneud ffrindiau'n hawdd, yn berson sydd â chylch reit eang o ffrindiau, a deud y gwir, o bob math o gefndiroedd. Ond mae 'na wahaniaeth mawr, yn does, rhwng pobol dach chi'n eu nabod, waeth pa mor dda, a ffrindiau mynwesol.

Pryd mae rhywun yn cael y label yna o fod yn ffrind i chi? Yn yr oes Facebook-aidd sydd ohoni, mae modd i chi gael eich atgoffa'n gyson sawl 'ffrind' sy ganddoch chi. Gan nad ydw i'n defnyddio Facebook, sgen i'm syniad faint o ffrindiau sgen i! I mi, ffrind ydi rhywun sy'n gwneud fy mywyd i'n well, yn hapusach ac yn llawnach; rhywun fedra i siarad efo fo neu hi, rhywun sy'n gwneud i mi chwerthin, rhywun sy'n garedig wrtha i, rhywun sy'n gwybod petha amdana i a finna amdano fynta/hitha, rhywun na alla i ddychmygu bod hebddo/hebddi yn fy mywyd.

Mae'n rhyfedd sut mae llwybr bywyd yn mynd â chi o un lle i'r llall, o un swydd i'r llall, ac o un grŵp o gyd-weithwyr i'r nesa, a beth sy'n braf ydi'r ffordd rydach chi'n rhyw 'gasglu' ffrindiau ar hyd y ffordd, a rywsut yn dal eich gafael mewn rhai ffrindiau arbennig ymhell ar ôl i chi symud ymlaen o'r sefyllfa lle dach chi'n eu gweld nhw bob dydd.

Ffrindiau ysgol

Er enghraifft, yn yr ysgol roeddwn i'n ffrindiau efo pawb, 'swn i'n deud. Hynny ydi, doedd gen i ddim gelynion. Ond, erbyn hyn, dim ond llond llaw o'r ffrindiau hynny dwi'n dal i'w gweld yn rheolaidd – ffrindiau sydd wedi fy ngweld yn gwywo a blodeuo ar gyfnodau gwahanol yn fy mywyd, ffrindiau triw a ffyddlon, ffrindiau go iawn sy'n golygu'r byd i mi. Ffrindiau fel Llin ac Oli a Nia a Ceri.

Yna, daeth y ffrindiau arbennig wnes i yn y coleg – y rhan fwya ohonynt yn wahanol iawn i mi ond yn fy neall i'r dim. Ffrindiau sydd bellach ar wasgar yn ddaearyddol: yn Glasgow a Reading, Southampton ac Awstralia, ond a fydd yn fy mywyd am byth. Ffrindiau fel Rach, Babs, Loz, Katy, Rob ac Abby.

Roedd symud i Gaerdydd ar ôl bod yn teithio yn gam mawr i

mi. Ro'n i'n symud i rywle lle nad oedd gen i 'run ffrind yn y byd, ac mae'n rhyfedd iawn meddwl bod 'na bobol yno na allwn i ddim meddwl bod hebddyn nhw yn fy mywyd erbyn hyn – pobol fel Lows, Gwen, Ffion, Ceris, Llin, Eleri, Amanda, Meins, Beca, Elin, Ffi a Cat.

Wrth gwrs, ers cyfarfod Al mae'r 'bois' a'u gwragedd a'u cariadon wedi dod yn ffrindiau da i minna hefyd, heb anghofio WAGS Ffostrasol – Nia, Alwen ac Anji Hunt.

Wedyn, daeth hi'n amser i symud i ardal Caernarfon, a rŵan, drwy Hedd, dwi'n cael y cyfle i wneud ffrindiau newydd sy'n famau fatha fi. Mae'r misoedd o gerdded efo'r goets ac yfed paneidiau mewn caffis amrywiol efo Ceryl, Sandy, Shari, Ffion a Catrin wedi bod yn werthfawr iawn i mi.

Mae bywyd mor brysur, a ffrindiau gymaint ar wasgar. Weithiau mae misoedd yn mynd heibio heb i mi weld rhai ohonyn nhw ac wythnosau'n mynd heibio heb i ni sgwrsio. Ond y gwir ydi, efo ffrindiau go iawn, does dim gwahaniaeth achos ar ôl dwy funud yng nghwmni ein gilydd 'dan ni mor gyfforddus a hapus a hamddenol ag erioed.

Dwi'n deud dim . . .

Casáu 'Cyfryngis'

Fedra i ddim diodda clywed pobol yn fy ngalw i na nghyd-weithwyr yn 'Cyfryngis'! Ella'i fod o'n rwbath i neud efo'r ffordd maen nhw'n poeri'r gair allan. Ella mai tôn eu llais nhw, neu eu cred nhw bod 'cyfryngi' yn berson hunanbwysig, hunanfrolgar, gorhyderus – sy'n fy ngwylltio.

I mi, dydi hi'n ddim ond ystrydeb hyll, anwir. Mae'r rhan fwyaf o bobol dwi'n eu nabod ym myd y cyfryngau yn bobol greadigol, deallus a hoffus. Wrth gwrs bod ambell eithriad, ac rydan ni i gyd wedi cwrdd â'r bobol hynny. Ond maen nhw i'w cael ym mhob maes, yn tydyn? Felly, da chi, cyn i chi agor eich ceg i sbowtian ystrydebau hyll sy'n cysylltu pobol â'u swyddi mewn ffordd mor sarhaus, pwyllwch am eiliad!

Os mêts, gan Meinir Mai Richards

Ar fy niwrnod cyntaf gyda chwmni cynhyrchu Fflic yng Nghaerdydd, roedd fy stumog yn llawn nerfau a'r disgwyliadau'n anferth. Yna fe gwrddes i â Nia Parry, ac mewn un sgwrs fer ro'n i'n gwybod bod pob dim yn mynd i fod yn ocê! Mae ganddi ffordd sbesial iawn o neud i bawb mae hi'n cwrdd â nhw deimlo'n gartrefol yn syth.

Mae'n anodd peidio â siarad yn ddi-ben-draw am holl gryfderau Nia Parry, yn ei gwaith ac fel ffrind. Fel cyd-weithwraig mae hi'n drylwyr, yn aelod brwdfrydig o'r tîm, yn dod â'r gorau allan o bawb bob amser, ac yn fodlon neud unrhyw beth i sicrhau bod y rhaglenni o'r safon orau heb fyth anghofio'r bobol sy'n cymryd rhan ynddyn nhw.

Mae hi'n gynhyrchydd ardderchog. Mae ganddi ddawn arbennig o weld stori, a gallu i arwain rhaglen o'r syniad cyntaf hyd at y darllediad.

Heb os nac oni bai, mae Nia bellach yn un o'm ffrindiau pennaf. Pan o'n i'n feichiog efo Martha Wyn roedd cael rhannu profiadau Nia yn help mawr i mi.

Mae hi wedi bod yn glust anhygoel i wrando dros y blynyddoedd, a dwi wir ddim yn gwybod be faswn i'n neud hebddi.

Meins a Martha Wyn

Oes, mae gen i agwedd gadarnhaol at fywyd. Ydw, dwi'n berson eithaf positif ar y cyfan, ond fel yn ein bywydau ni i gyd, mae 'na ddyddiau du wedi bod, cyfnodau anodd pan dach chi ddim yn gwybod lle i droi a ddim yn gweld eich ffordd allan o'r niwl. Fasa'n ffug i mi sgwennu llyfr fel hwn a sôn am y dyddiau da yn unig.

Mi wnes i ddiodda 'yps a downs' glaslencyndod fel pawb arall – syrthio dros fy mhen a nghlustia mewn cariad a chael fy ngwrthod a mradychu, brwydro efo mhwysau a neidio o un ddeiet i'r llall heb fawr o lwyddiant, teimlo'n ansicr ac annigonol wrth ffurfio ambell berthynas newydd, trio ffitio i mewn a thrio sefyll allan. Mae cyfnod yr arddegau'n gallu bod yn anodd, yn tydi?

Mae'n debyg mai'r cyfnod anodda o'r cwbl oedd un cyfnod byr pan o'n i'n diwtor ym Mhrifysgol Caerdydd. Ro'n i wrth fy modd efo'r gwaith ond roedd yr oriau'n feithion, a finnau'n ceisio gwneud PhD ac adnewyddu tŷ i gyd ar yr un pryd – ac, wrth gwrs, ro'n i yn fy ugeiniau cynnar ac yn gwneud popeth i'r eitha, gan gynnwys joio fy mywyd cymdeithasol yn y ddinas. Fel gwyddoch chi bellach, dwi rioed wedi bod yn un dda am ddweud 'Na', a chanlyniad hyn weithiau ydi mod i'n llosgi'r gannwyll ar y ddau ben ac yn cymryd gormod ar fy mhlât.

Yn ystod y cyfnod hwn, roedd yn sicr ormod ar fy mhlât, ac ro'n i wedi ymlâdd yn llwyr. Ar ben hyn i gyd, ces ddos o *glandular fever*. Ro'n i wedi cyrraedd pen fy nhennyn, ac es at y meddyg a chrio. Gadewais y syrjeri efo presgripsiwn am *antidepressants*. Dim cyngor, dim sôn am fynd i siarad efo rhywun, dim help i drio rheoli'r coctel o bethau oedd yn golygu bod fy mywyd yn troelli allan o reolaeth – dim ond tabledi.

Chymrish i byth mo'r tabledi hynny, ond rywsut roedd gwybod bod y presgripsiwn yn fy mag rhag ofn y byddai eu gwir angen arna i'n gysur. Yn raddol cododd y niwl, a llwyddais i 'arafu lawr' ac ailafael yn fy mywyd unwaith eto. Ond fues i'n agos iawn i'r ffin, yn agos i gael 'breakdown' faswn i'n deud. Dwi'n falch mod i wedi bod trwy hyn achos roedd o fel rhybudd i mi, yn arwydd bod cael cydbwysedd mewn bywyd yn bwysig a'i bod hi'n iawn i ddweud 'Na' ambell dro!

Mae colli pobol yn anodd, yn dydi – mae'n anodd delio efo marwolaeth. Roedd y cyfnodau pan fu farw Nain Sally, Taid Bob, Taid Talysarn, Yncl Bil, Rich, Yncl Trefor, Bessie a Soph yn rhai trist iawn.

Mae un o bob tri beichiogrwydd yn gorffen mewn *miscarriage*, medden nhw, ond mi ddywedith unrhyw un sydd wedi bod trwy'r profiad wrthoch chi ei fod o'n brofiad torcalonnus. Mi wnes i grio o waelod fy mherfedd am fisoedd ar ôl y ddau *miscarriage* ges i, ac roedd y blynyddoedd o ddisgwyl a'r siom misol o ffeindio nad o'n i'n medru beichiogi yn ingol, ac yn gwneud i mi deimlo rywsut nad oedd gwerth i mi fel dynes, nad o'n i'n gallu gwneud yr un peth ar y ddaear yma rydan ni yma i'w wneud – cenhedlu. Mae'n od sut mae pob rheswm yn diflannu i'r gwyll pan mae'r fath ysfa ynddoch i fod yn fam.

Y gwir ydi, dydi bywyd ddim yn syml, nac ydi, ac weithiau 'dan ni'n troedio tir ansicr, anwastad ac yn baglu a brifo. Ond weithiau hefyd mae syrthio yn gwneud lles. Does 'na ddim du heb wyn, dim hapusrwydd heb dristwch. Mae mynd trwy'r sbectrwm helaeth o emosiynau a phrofiadau yn rhoi nerth ac yn gwneud rhywun yn gryfach, er y dagrau a'r gwewyr.

Hedd

Y gamp rydw i fwya prowd ohoni yn fy mywyd ydi cario a geni ein mab bach, Hedd Efan Davies, ar 19 Ebrill 2010.

Mae o wedi troi fy myd i ben i waered mewn ffyrdd na allwn i mo'u ddychmygu. Mae'r cariad yn rhywbeth mor bwerus a dwfn ac yn dŵad drosta i fel ton anferth weithiau. Dwi ddim yn deud am funud ei fod o'n hawdd – y nosweithiau di-gwsg a'r ymdeimlad bregus hwnnw, weithiau, pan fydd y cyfrifoldeb sydd arna i yn fy nharo – ond mae'r hapusrwydd sy'n dod yn sgil bod yn fam yn rhywbeth na allwn i byth fod wedi'i ddychmygu. Dwi'n gallu treulio oriau jyst yn ei wylio fo – yn disgwyl cael gwên neu chwerthiniad ac yn ei wylio'n chwarae, yn sugno'i fys, yn gafael yn ei draed – fel petai pob gweithred fechan yn wyrth.

Dwi'n cofio darganfod fy mod i'n disgwyl ar fore fy mhen-blwydd yn 34 oed ar y trydydd o Awst 2009, ac yn diolch am yr anrheg pen-blwydd gorau yn y byd. Bob dydd roedd o'n datblygu a chryfhau, ro'n i'n dechrau credu y byddai popeth yn iawn wedi'r cyfan. Dwi'n siŵr bod y ffaith mod i wedi colli dau fabi'n gynnar yn y blynyddoedd cynt, ac wedi

cael trafferth mawr beichiogi eto, wedi ngwneud i'n fwy nerfus ond yn llawer mwy gofalus. Heb os, dim ond pan oedd y bwndel bach yn fy mreichiau ro'n i wir yn credu bod fy mabi'n saff.

Wna i byth anghofio'r teimlad yna o gael Hedd yn gorwedd ar fy mrest a gafael amdano am y tro cyntaf – a chrio. Mi oedd o mor fach ac mor berffaith, ac er mai dyna'r tro cynta i mi ei gyfarfod, ro'n i'n ei garu o gymaint ac yn ei nabod o mor dda yn barod. Anhygoel!

Dim ond rŵan dwi'n sylweddoli cymaint mae Mam a Dad wedi'i wneud a'i aberthu a'i roi i Dylan a fi, a be ydi gwir ystyr cariad cwbl ddiamod. Y gwir ydi, tra bydd Hedd yn hapus, mi fydda i'n hapus; tra mae o'n iawn, mi fydda innau'n iawn.

Hypnobirthing

Mi ges i fy hypnoteiddio gynta pan o'n i'n ddeunaw oed yn un o'r sioeau afiach yna yn y coleg lle mae pobol yn cael eu hypnoteiddio i wneud pethau gwirion i ddiddau'r gynulleidfa feddwol sy'n gwylio. Mi wnes i anghofio f'enw, methu agor fy nyrnau ac udo fel ci o'i go'. Ych!

Yn ddiweddarach, mi wnes i ymchwilio i'r posibilrwydd o ddysgu iaith trwy hypnosis, ond y darganfyddiad mwya cyffrous dwi wedi'i wneud ydi *hypnobirthing*. Wnes i ddim dweud wrth neb mod i wedi bod yn ymarfer y grefft o *self-hypnosis* yn barod at roi genedigaeth i'n mab bach ni. Mae *self-hypnosis* yn swnio fel rhywbeth cyfriniol ond, yn y bôn, myfyrio dwfn ydi o – ymlacio ac anadlu'n ddwfn a phwyllog.

Y rheswm na ddeudis i wrth neb oedd rhag ofn i'r diwrnod ddŵad a minnau'n methu ei wneud a mynd i banig llwyr! Beth bynnag, pan ddaeth y diwrnod, mi wnes i fyfyrio trwy'r *contractions* a mwynhau pob eiliad o'r profiad o roi genedigaeth i Hedd bach mewn ffordd dawel a hapus, gydag Aled wrth fy ochr a cherddoriaeth glasurol yn fy nghlustffonau. Y gân oedd yn chwarae yn fy nghlustiau pan ddaeth Hedd Efan i'r byd oedd 'Behind the Window' gan Ludovico Einaudi. Fydda i byth yn medru clywed y gân heb golli deigryn o hapusrwydd.

Holistig

Adweitheg (*reflexology*), *reiki*, cinesioleg, llysieuaeth feddygol, homeopathi, aromatherapi, aciwbigo – dwi wedi'u trio nhw i gyd! Ac, yn fy marn i, mae 'na le i'r therapïau amgen yma law yn llaw â meddygaeth gonfensiynol. Ella nad oes prawf gwyddonol bod y rhain yn gweithio ond mae llawer o dystiolaeth storïol, ac mae hynny'n ddigon i mi. A deud y gwir, mae'r posibilrwydd a'r gobaith y gwnaiff rhywbeth weithio yn llesol inni.

Mae 'holistig' yn air mawr pwysig yn fy mywyd. Dwi wir yn credu y byddai'n gwneud lles i fwy o feddygon confensiynol ystyried y person yn ei gyfanrwydd – ei emosiynau, ei agwedd at bethau, ei ffordd o fyw, ei hapusrwydd. Dwi ddim yn feddyg nac yn arbenigwr, ond dwi'n meddwl mai mater o amser fydd hi nes i bobol sylweddoli bod 'na berthynas gref rhwng iechyd corfforol rhywun a'i iechyd meddyliol, a bod mwy i'w ystyried wrth wella person na chymryd tabledi neu foddion neu gael llawdriniaeth.

Mae'r byd meddygol a'n dealltwriaeth ni o bethau yn tyfu mor gyflym fel bod peryg i ni golli gafael ar bethau elfennol, ar yr hen arferion. Mae meddyginiaethau'r Dwyrain yn cofleidio gwahanol fathau o feddygaeth, ac mae hynny'n gweithio iddyn nhw. Does dim angen esbonio a deall a phrofi a chael tystiolaeth am bopeth trwy'r amser.

Felly, chwi o ychydig ffydd, camwch i'r tywyllwch!

Os Mêts, gan Lowri Roberts (therapydd iaith a lleferydd, yn wreiddiol o Gaernarfon)

Mi wnes i gwrdd â Nia pan oedden ni'n chwarae pêl-rwyd i dîm dan 16 Gwynedd. Mi oedd hi fel chwa o awyr iach, yn hwyliog, cyfeillgar a llawn egni (ac yn saethwraig heb ei hail!).

Yn ddiweddarach, cefais swydd yn y Rhondda, a chlywed bod Nia wedi prynu tŷ yng Nghaerdydd. Mi gysylltais â hi ac wele'r ddwy ohonon ni'n rhannu tŷ! Roedd Nia wastad yn gweithio'n galed ond yn chwarae'n galed hefyd. Doedd dim stop arni hi ar y *dance floor*! Mae ei hegni hi'n heintus. Mae'n amlwg i mi o ble mae wedi cael ei hegni, ei brwdfrydedd a'i gallu – oddi wrth ei theulu!

Dwi'n cofio'r Parrys a'i theulu Caerdydd i gyd yn dod draw *en masse* i helpu i atgyweirio'r tŷ. Cymaint o hwyl oedd ymuno â nhw a thorchi llewys i beintio, crafu papur wal a ballu. Maen nhw'n yfflon o dîm, a sôn am weithio'n galed a dal ati i sgwrsio a chwerthin hefyd!

Mae Nia bob amser yn gefnogol iawn ac yn glust i wrando. Mae hi wastad isio clywed hanesion, boed yn hanes dêt neu antur mewn gwlad bell. Dwi wedi byw a theithio dramor, yn Iwerddon,

Helpu eich hun

Feel the Fear and Do It Anyway, *The Power of Now*, *Who Ate my Cheese?*, *The Seven Spiritual Laws of Success*, *You Can Heal Your Life* – llyfrau sy'n honni y gallen nhw'ch helpu i fyw yn hapusach, i fod yn fwy llwyddiannus, i nabod eich hun yn well a chael bywyd mwy cyfoethog.

Ydw i wedi eu darllen nhw i gyd? Wel yndw, siŵr! Ydw i'n derbyn a llyncu'r cynghorion i gyd? Nag ydw, ddim wir. Ydyn nhw'n gweithio? Bosib iawn.

Yn y bôn, dwi'n gweld dim byd o'i le o gwbl ar geisio gwella'ch hun. Dwi'n credu mai arnon ni mae'r cyfrifoldeb o ddod i nabod ein hunain yn well, a dod yn ymwybodol o'n cryfderau a'n gwendidau. Dim ond wedyn y gallwn ni holi a gwella'n hunain. Dwi hefyd yn credu mai mater o synnwyr cyffredin ydi cynnwys nifer o'r llyfrau hyn, ond ambell waith mae angen cymorth arnon ni i roi trefn ar ein meddyliau a byw hyd eithaf ein potensial. Dyna f'esgus i am fod â silff yn llawn llyfrau o'r math yma yn y tŷ bach!

Seland Newydd a Costa Rica, ac mae Nia am rannu'r profiadau efo mi, ac yn cysylltu'n gyson iawn, boed hynny dros y we, ar y ffôn neu drwy lythyr. Pan o'n i yn Iwerddon, mi drefnodd drip i ddod ata i yn Belfast, ac mi ges i noson i'w chofio go iawn.

Mae hi bob amser yn llawn brwdfrydedd a gobaith. Ond, fel ffrind, dwi hefyd wedi cael y cyfle i weld ochor ddwys Nia, a'i diddordeb mewn myfyrio, cwnsela a meddyginiaethau naturiol. Does ganddi ddim ofn mynd o dan groen petha. Mae hi bob amser eisiau dysgu a datblygu'i hun. Yr uchafbwynt i mi oedd gweld ei llun ar ochor bws yng nghanol Caerdydd – llun o Nia ni, jyst fel Carrie yn *Sex in the City*!

Mae Nia'n sicr wedi gadael ei marc ar fy mywyd i. Mae'n *role model* arbennig ar sut i ddelio â phobol, a chael y gorau allan ohonyn nhw ac o fywyd.

Y dyfodol

Beth sy'n fy wynebu yn y dyfodol? Dyna ichi gwestiwn mawr!

Yn syml, dwi am wneud yn fawr o mywyd, cymryd pob cyfle, camu allan o'r man diogel (weithiau!), bod yn ddewr, dangos cariad ac emosiwn, bod yn fam cystal ag y medra i fod, wynebu pob diwrnod efo diolch a gwên, a derbyn a dysgu o nghamgymeriadau.

O ran gyrfa – pwy a ŵyr? Mae Dad wedi newid ei swydd bob saith mlynedd ar hyd ei oes, ac efallai y gwna inna 'run fath! Mae 'na gymaint o swyddi y baswn i'n licio rhoi cynnig arnyn nhw. Er y cyffro a'r mwynhad dwi'n ei gael o weithio yn y byd teledu, mae 'na wastad rywfaint o ansicrwydd, yn arbennig yng Nghymru ar hyn o bryd.

Fy mwriad ydi gorffen fy nghwrs *life coaching*, a phwy a ŵyr efallai y bydd 'na ddrysau yn agor i'r cyfeiriad hwnnw. Mi liciwn i hefyd weithio fel cynghorwr neu gwnselydd, teithio a dysgu yn Affrica, sgwennu nofel, gwneud gradd mewn seicoleg, ymchwilio i Fwdhaeth . . . Tydi o'n biti nad oes 'na fwy o oriau mewn diwrnod, ac o flynyddoedd mewn oes?!

Yng nghanol yr holl brysurdeb, mae'n bwysig mod i'n dal i chwilio am y tawelwch llonydd yna, a bod yn garedig efo fi fy hun ac wrth bobol eraill – yn y bôn, yn trin pobol fel yr hoffwn i fy hun gael fy nhrin.

Y peth pwysica i'r dyfodol ydi mod i'n magu Hedd efo cariad diamod ac yn creu atgofion hapus o'i blentyndod, gan osod sail gadarn iddo ar gyfer y dyfodol.